리틀 히포크라테스 02

페니실린에서
항암제까지

리틀 히포크라테스 02

약리학

박승준 글 | 카나 그림

페니실린에서 항암제까지

봄마중

[리틀 히포크라테스] 시리즈를 시작하며

인류의 역사와 더불어 시작된 의학은 질병에 시달리지 않고
건강하게 사는 방법을 연구하는 학문이에요.
의학은 크게 '기초의학'과 '임상의학'으로 나눌 수 있어요.
기초의학은 인체의 구조와 기능에 관한 기본적인 지식을
연구하고, 임상의학은 환자의 질병을
진단하고 치료하는 방법을 공부하는 분야예요.
사람의 생명을 다루는 의학은 어렵고 힘든 일이지만
그만큼 보람이 크고 매력적이기도 해요.

최근 들어 의사가 되려는 어린이들이 늘면서

의학에 대한 관심도 높아지고 있어요.

[리틀 히포크라테스] 시리즈는 어린이들이

인체와 생명의 소중함을 생각하고

의사라는 직업에 관심을 가질 수 있도록

의학의 각 분야를 안내하기 위한 목적으로 기획되었어요.

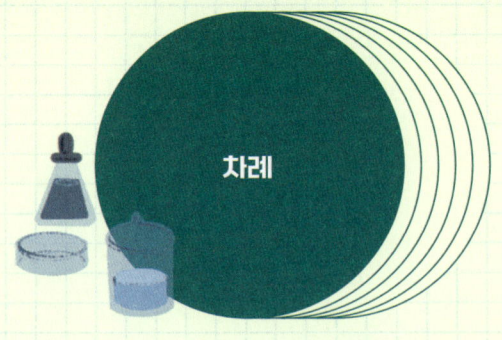

008　**머리말 |** 인류를 구원한 슈퍼 영웅을 만나자!
012　**묻고 답하고 |** 약이 궁금해

1 질병을 막는 수호천사, 백신

018 공포의 천연두　021 최초의 백신, 제너의 종두법　024 백신 개발의 황금기　025 조너스 소크의 사회적 공헌

2 고통 없는 수술을 위해, 마취제

033 수술할 바에는 차라리 죽음을　035 마취제 개발 이전에는? 036 최초의 현대적인 마취제, 아산화질소　038 마취제의 발전

3 세균 없는 병원으로, 소독약

044 손 씻기를 강조한 히포크라테스　045 놀라운 수술실 풍경 047 소독법의 선구자 제멜바이스　051 제멜바이스의 슬픈 최후

4 인류를 통증에서 구한, 진통제

056 진통제로 쓰인 아편　058 악마의 약, 모르핀　062 아편 전쟁 065 가장 많이 팔린 약, 아스피린

5 당뇨병 환자들의 희망, 인슐린

070 당뇨병은 무엇일까? **072** 인슐린 발견에 도전한 밴팅 **074** 밴팅과 베스트의 실험 **076** 인슐린 발견, 그 후

6 세균과의 전쟁에 맞선, 항생제

082 중세 유럽을 휩쓴 페스트 **083** 항균제 시대의 개막 **087** 페니실린을 발견한 플레밍 **088** 많은 부상자를 살린 페니실린 **090** 아직 끝나지 않은 세균과의 전쟁

7 대영제국 탄생의 숨은 공신, 비타민C

096 생명 유지에 필수적인 비타민 **097** 용맹스런 뱃사람들의 공포, 괴혈병 **100** 세계사를 바꾼 비타민C **102** 비타민C 발견의 숨은 공신, 파프리카

8 암 완전 정복의 꿈을 향해, 항암제

108 암은 왜 생길까? **112** 세포독성 항암제 **113** 표적항암제와 면역항암제

9 바이러스와의 전쟁, 항바이러스제

118 바이러스란 무엇일까? **123** 항바이러스제의 원리 **125** 항바이러스제의 한계

128 **맺음말** | 의사의 무기, 약

머리말

인류를 구한
슈퍼 영웅을 만나자!

 약 먹는 거 좋아해? 얼굴을 찌푸리는 게 보이는 것 같네. 약 먹기 좋아하는 사람은 아마 거의 없을 거야.
 하지만 약이 없는 세상을 상상할 수 있을까? 폐렴에 걸려도 세균을 퇴치할 항생제가 없다면? 머리가 깨질 듯 아픈데 **통증**을 줄여줄 진통제가 없다면? 당장 위급한 수술을 해야 **하는데 마취제**가 없다면? 소아마비에 걸리지 않게 해 주는 **백신이 없다면?**
 정말 생각만 해도 끔찍한 일이 아닐 수 없어. 우리가 만나는 약들은 마치 슈퍼 영웅처럼 우리를 더 건강하고 행복하게 해 주고 있지.
 오래전에 살았던 우리 조상들도 지금의 우리처럼 약을 먹어서 질병을 물리치고 오래오래 살았을까? 아니, 그런 건

아니었어. 불과 1백여 년 전만 해도 사정은 완전히 달랐지. 당시 사람들의 평균 수명은 지금의 절반도 채 되지 않았거든. 신생아 때 죽는 경우도 많았고, 어른이 되어서도 전염병 같은 무서운 질병 때문에 오래 살지 못했어.

그렇다면 이렇게 고마운 약은 언제, 어떻게 우리 곁에 왔을까?

질병을 치료할 효과적인 약을 찾으려는 인류의 끈질긴 노력이 결실을 보기 시작한 건 20세기에 들어서였어. 인류를 구원한 슈퍼 영웅 중에서 가장 잘 알려진 건 '페니실린'이지. 제2차 세계대전이 한창이던 1940년대부터 쓰이기 시작한 페니실린은 하늘이 내린 기적처럼 수많은 사람의 생명을 구했어.

  또 팔다리를 마비시키고 숨을 제대로 쉬지 못하게 해 수많은 사람을 죽음으로 몰고 갔던 소아마비는 1955년부터 시작된 백신 접종 덕분에 지금은 거의 사라진 병이 되었지.
  이 외에도 수많은 약이 과학자들의 치열한 연구 속에 개발되어 우리를 지켜 주고 있단다. 자 그럼 지금부터 인류를 구한 대표적인 약 9가지를 골라 그 영웅적인 발자취를 살펴볼까?

묻고답하고
약이 궁금해

오늘 아침에 동생이 열이 나고 아파서 엄마와 함께 병원에 다녀왔어요.

 그래? 많이 놀랐겠구나. 동생은 이제 괜찮니?

 병원에서 지어온 약을 먹고 많이 좋아졌어요. 그런데 약을 하루에 세 번씩 먹는 게 귀찮은데, 그냥 한꺼번에 먹으면 안 되나요?

 약은 우리 몸에서 적당한 양이 있어야만 제대로 효과를 나타낼 수 있어. 하루치 약을 한꺼번에 먹는다면 너무 많은 양의 약이 들어가 몸에 독성이 나타날 수 있지. 반대로 약을 너무 조금 먹으면 효과가 없어.

 그렇군요.

 예를 들면 달걀부침을 할 때 온도가 너무 높으면 달걀이 타 버리고 온도가 너무 낮으면 아예 익지 않는 거나 마찬가지인 셈이야.

 아, 이제 정확하게 알겠어요!

 약은 의사에게 처방받은 대로 정확한 용량과 방법을 지켜서 복용해야 해. 잘못 사용하면, 오히려 쓰지 않는 것보다 못한 결과를 가져올 수 있거든.

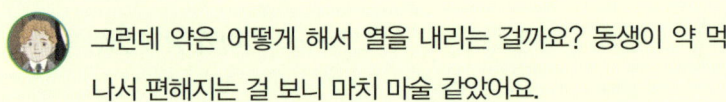 그런데 약은 어떻게 해서 열을 내리는 걸까요? 동생이 약 먹고 나서 편해지는 걸 보니 마치 마술 같았어요.

맞아. 우리 몸에는 열을 올리는 물질이 있어. 동생이 먹은 약은 그 물질을 정확하게 찾아가 쓰러뜨리는 마법의 총알인 셈이지.

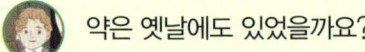 약은 옛날에도 있었을까요?

아니, 우리가 볼 수 있는 약들이 개발된 건 그리 오래되지 않았단다. 예전에는 차마 약이라고 부르기 어려운 엉터리 가짜 약들이 많았지.

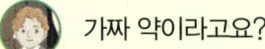 가짜 약이라고요?

고대 그리스 의사들은 환자에게 붉은색의 흙을 처방하기도 했고, 중국 진나라의 진시황이 먹었다는 죽지 않는 불로불사약은 독성이 강한 수은이었어. 이뿐만이 아니야. 소똥과 말똥, 썩은 고기와 기름, 불에 태운 양털, 돼지의 귀지, 곰팡이 그리고 심지어 미라 가루 같은 것도 약으로 사용했지.

하하! 생각만 해도 끔찍해요. 저는 옛날에 태어나지 않은 게 참 다행이네요.

그렇지? 이제부터는 우리를 구해 준 진짜 약 이야기를 시작해 볼게!

약 500여 년 전 아메리카 대륙에 번성했던 잉카 문명과 아즈텍 문명은 스페인 군대에 의해 멸망하고 말았어.
수백 명에 불과했던 스페인 군대는 자신들보다 훨씬 많았던 원주민을 어떻게 큰 어려움 없이 이길 수 있었을까?

1

질병을 막는 수호천사, 백신

우리는 식중독에 걸리거나 감기에 걸리면 약을 먹어. 그러면 증상이 대부분 사라지는 걸 경험해 봤을 거야. 물론 약을 먹고 낫는 것보다 더 좋은 건 아예 아프지 않도록 예방하는 거지.

지난 몇 년간 코로나19가 유행하면서 우리가 많이 들었던 단어 중 하나가 **백신**이야. 백신은 세균이나 바이러스가 우리 몸속에 들어오더라도 병에 걸리지 않도록 예방해 주는 역할을 해. 과연 백신은 어떻게 발견되고, 발전해 왔을까?

공포의 천연두

인류가 백신의 원리를 어렴풋이나마 알게 된 시기는 약 2,500년 전인 기원전 430년경이야. 그리스 역사학자 투키디데스가 쓴 펠로폰네소스 전쟁 기록을 보면, "전염병에 걸렸다가 회복된 사람만이 같은 병에 걸린 환자를 간호할 수 있다."라는 말이 있어. 질병에 한 번 걸렸다가 회복되면 다시는 그 병에 걸리지 않는다는 현상을 당시 사람들이 이해하고 있었다는 증거지. 하지만 이를 실제 백신으로 이용하기까지는 오랜 시간이 필요했어.

천연두는 지금까지 전 세계에서 사망자가 10억 명 이상이나 될 정도로, 역사상 최악의 전염병으로 불리는 병이야. 20세기 동안에도 최소 3억 명 이상이 천연두로 목숨을 잃었어. 우리나라도 마찬가지여서 조선시대 후기에 크게 번졌던 천연두가 많은 사람의 생명을 앗아갔지. 한국전쟁이 한창이던 1951년에는 천연두로 사망한 사람이 1만 명이 넘었을 정도야. 그래서 우리나라 사람들은 예로부터 천연두를 '호환마마'라고 부르며 무서운 대상으로 여겼다고 해. 여기서 호환은 호랑이에게 당하는 화를 뜻하고 마마는 천연두를 일상적으로 불렀던 이름이야.

천연두의 위력을 잘 보여 주는 역사적 사례를 알아볼까? 약 500여 년 전 아메리카 대륙에 번성했던 잉카 문명과 아즈텍 문명은 스페인 군대에 의해 멸망하고 말았어. 수백 명에 불과했던 스페인 군대는 자신들보다 훨씬 많았던 원주민을 어떻게 큰 어려움 없이 이길 수 있었을까?

그건 그들의 총칼이 아니라 보이지 않는 미생물 군대 때문이었어. 스페인 군대와 함께 아메리카 대륙에 상륙한 천연두는 면역력이 전혀 없던 수백만 명의 원주민들을 죽음으로 몰아넣었던 거야.

바이러스 감염으로 발생하는 천연두는 공기를 통해 쉽게 전염되는, 전염력이 매우 강한 감염병이야. 천연두에 걸리면 고열과 피로, 두통, 요통 같은 증상이 나타나고, 2~3일 후에는 얼굴과 팔다리에 붉고 작은 반점 모양의 발진이 생기지. 천연두의 치사율병에 걸려 죽을 확률은 백신이 개발되기 전에는 40% 정도로 높았고, 완치되더라도 얼굴과 온몸에 흉한 흉터가 남았어.

최초의 백신, 제너의 종두법

이렇게 무서운 천연두를 퇴치하는 데 큰 공헌을 한 사람은 영국의 의사 에드워드 제너야. 제너는 어느 날 마을길을 산책하다가 소젖을 짜는 아주머니에게 이런 말을 들었어.

"저는 우두를 앓고 난 후 얼굴은 곰보가 되었지만, 천연두에는 걸리지 않는답니다."

제너가 백신 주사를 놓는
모습을 그린 그림

그는 이 말에 아이디어를 얻었지. 우두는 소에게 생기는 전염병인데, 사람에게 옮을 수도 있지만 천연두보다는 훨씬 가볍게 앓고 지나갔어. 이렇게 사람과 동물 사이에 옮을 수 있는 질병을 **인수공통감염병**이라고 불러.

"혹시 우두가 사람을 천연두로부터 보호해 준 건 아닐까?"

이렇게 생각한 제너는 고민과 연구 끝에, 1796년 8살짜리 소년에게 소젖 짜던 아주머니의 손바닥에서 얻은 액체 **우두 고름**를 주입했어. 소년은 며칠 후 약한 우두 증세가 나타났다가 곧 회복되었지.

6주가 지난 다음, 제너는 소년에게 다시 천연두 바이러스를 주입해 보았어. 하지만 소년에게는 아무런 증상도 나타나지 않았지.

인류 최초로 백신이 개발되는 역사적 순간이었어. 이렇게 천연두를 예방하기 위해 백신을 몸에 접종하는 방법을 **종두법**이라고 해. 제너의 종두법이 발견되면서 천연두로 목숨을 잃는 사람은 크게 줄었어. 게다가 최근 약 50년 동안 전 세계에서 천연두에 걸렸다는 보고가 전혀 없기 때문에 이제는 완전히 박멸된 전염병이 되었지.

백신 개발의 황금기

하지만 진정한 백신의 시대가 열린 건 제너의 종두법이 발견되고 나서 80여 년이 지나고였어. 프랑스의 미생물학자 루이 파스퇴르에 의해서였지. 우두 고름을 이용했던 제너와는 달리 파스퇴르는 질병의 원인이 되는 병원체를 직접 분리해서 인공적으로 백신을 만들었거든.

1879년 파스퇴르는 약해진 닭 콜레라 병원균을 닭에게 주입하면 닭은 면역이 생겨 콜레라에 걸리지 않는다는 것을 발견한 거야. 그는 **탄저병** 백신1881년과 **광견병** 백신1885년의 개발에도 성공했어.

백신vaccine이라는 말은 암소를 뜻하는 라틴어 'vacca'에서 유래했는데, 파스퇴르가 제너의 공로를 기리기 위해 만들었다고 해.

이후 과학자들은 파스퇴르가 발견한 원리를 사용해 백신 개발에 몰두했단다. 장티푸스, 콜레라, 페스트, 백일해, 홍역, 결핵 등의 백신을 만들기 위해, 죽거나 힘이 약해진 세균이나 바이러스를 이용했어.

조너스 소크의 사회적 공헌

특히 **소아마비** 백신을 개발한 미국의 의사 조너스 소크의 사례는 우리에게 큰 감동을 주었어. 소아마비는 1940년대 미국 어린이들 사이에서 크게 유행했던 병이야. 소아마비에 걸리면 팔다리와 온몸이 마비되고 심하면 목숨을 잃을 수도 있었지. 소크는 5년간의 연구 끝에 1952년 소아마비 백신 개발에 성공했어.

그런데 개발한 백신의 임상실험에 참여할 사람을 모집하기가 매우 어려웠어. 사람들이 임상실험에 참여하는 걸 매우 꺼렸기 때문이야. 당시는 제2차 세계대전이 끝난 지 얼마 되지 않아서 독일 나치와 일본 731부대가 행했던 비인도적인 생체실험에 대해 사람들이 생생하게 기억하고 있었거든.

소크는 할 수 없이 자신에게 먼저 백신을 투여했고, 이어서 가족에게도 투여하며 실험을 시작하게 되었어. 그러자 그 모습에 감동한 사람들이 너도나도 실험에 자원했고, 임상실험은 성공적으로 끝날 수 있었지. 덕분에 소아마비를 두려워 하던 전 세계 어린이들에게 큰 희망을 선물하게 되

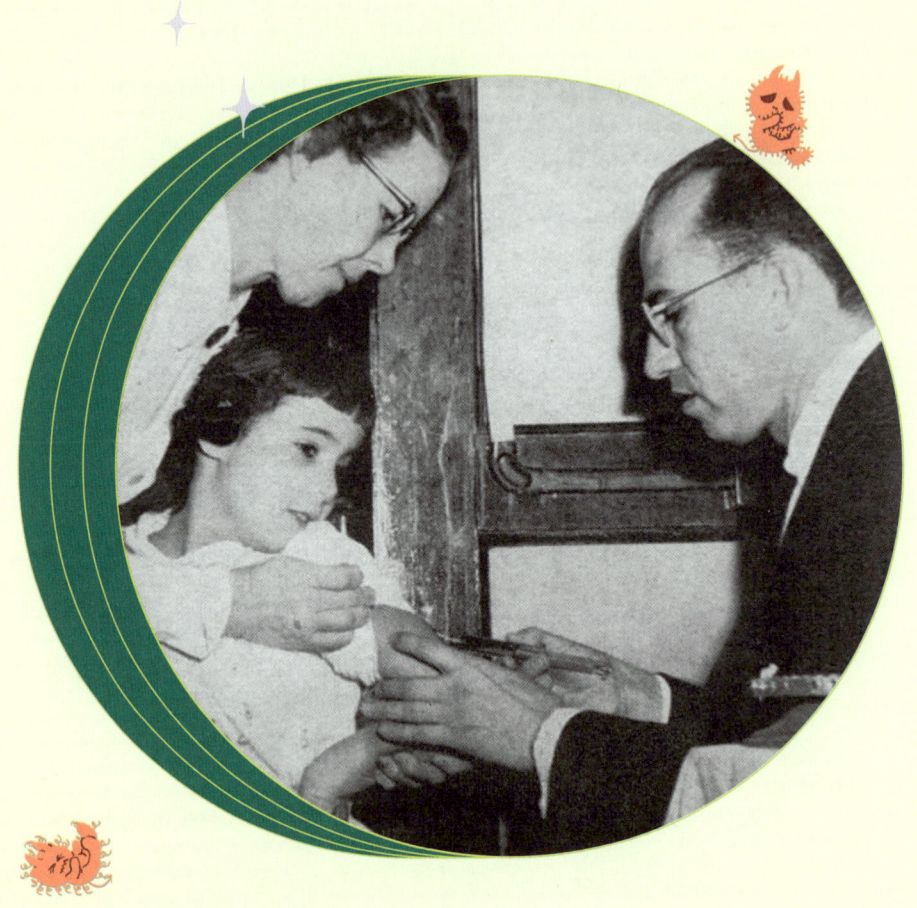

아이에게 소아마비 백신 주사를
놓는 조너스 소크

었어. 백신이 사용된 후 소아마비 발생은 2년 만에 이전보다 90% 줄었고, 지금은 찾아보기 힘든 병이 되었거든.

그렇다면 소아마비 백신을 발견한 소크는 큰 부자가 됐을까? 놀랍게도 소크는 백신 개발 자료를 넘기면 많은 돈을 주겠다는 제약회사의 제안을 거절하고 백신의 제조법을 누구나 이용할 수 있도록 무료로 공개했어. 소크의 행동은 과학자들이 할 수 있는 진정한 사회적 공헌의 한 방법이었어.

그는 방송에 출연했을 때 사회자가 소아마비 백신의 특허권은 누구에게 있냐고 묻자 이렇게 답했어.

"특허는 없습니다. 태양에게도 특허를 낼 건가요?"

혹시 아직도 아기 때의 신생아 수첩을 가지고 있다면 펼쳐 봐. 어떤 백신을 접종받았는지 기록이 있을 거야. 그 백신들이 보이지 않는 곳에서 우리를 든든히 지켜 준 수호천사였던 셈이지.

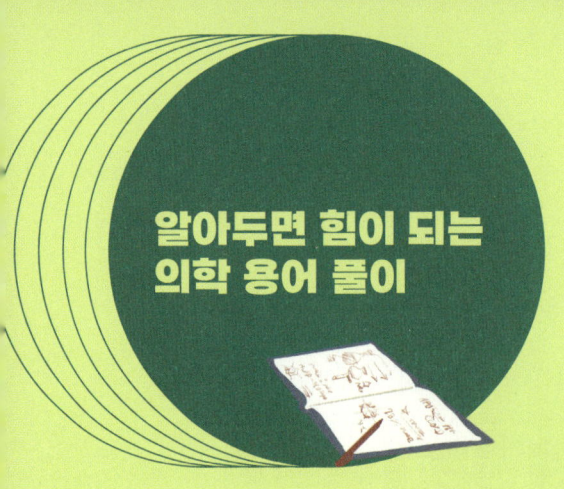

알아두면 힘이 되는 의학 용어 풀이

백신   어떤 질병에 대한 면역력을 높이기 위해 투여하는 물질. 질병을 일으키는 병원체^{세균이나 바이러스}를 약하게 만들어 희석해 투여함.

천연두   천연두 바이러스에 감염되어 발생하는 질환으로 '두창' 혹은 '마마'라고도 부름. 심한 열과 함께 물집이 생기고 발진^{피부의 색깔, 모양, 감촉 등이 변하는 증상}이 나타남.

우두   소에 생기는 바이러스성 전염병으로 젖소의 유방에 궤양이 생김. 영국의 의사 제너가 천연두를 예방하기 위해 소에서 뽑아낸 면역 물질.

인수공통감염병   사람과 척추동물 간에 자연적으로 전파하는 질병 또는 감염.

종두법   천연두를 예방하기 위해 사람 피부에 백신을 주입하는 방법. 제너가 처음으로 시행한 우두 고름을 이용한 우두법이 대표적임.

탄저병   탄저균에 의해 발생하는 급성 전염성 질환.

광견병 광견병 바이러스에 의해 발생해 뇌척수염 같은 신경 증상을 일으키는 치사율이 높은 전염성 질환.

소아마비 주로 어린아이에게서 발생하며 운동을 담당하는 부분인 뇌, 척수 등에 바이러스 감염으로 신체의 마비와 변형을 가져오는 병.

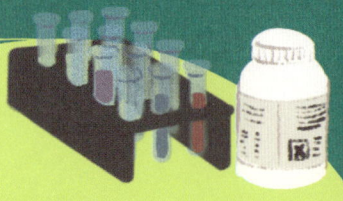

마취제로 최초의 과학적 실험을 한 사람은 18세기 영국의 화학자인 험프리 데이비야. 데이비는 1798년 질소 원자 2개와 산소 원자 1개로 이루어진 아산화질소 가스를 마시면 통증을 느끼지 못한다는 것을 알아냈지.

2
고통 없는 수술을 위해, 마취제

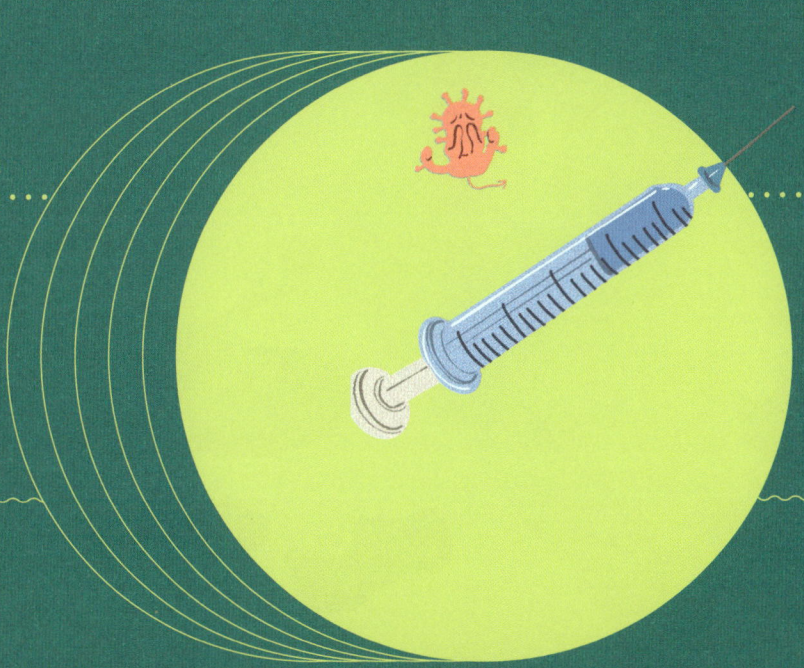

수술을 받아본 적 있어? 만약 수술할 때 마취제를 사용할 수 없다면 어떨까? 수술 칼로 피부를 절개하면 엄청난 고통에 못 이겨 비명을 마구 지르겠지? 생각만 해도 끔찍하네.

수술할 바에는 차라리 죽음을

마취제가 개발되기 전의 수술실은 건물의 맨 꼭대기 층이나 지하 깊은 곳에 있었어. 수술 중 환자들이 지르는 비명을 밖에서 들을 수 없게 한 거지. 어디 환자뿐이겠어? 고통에 울부짖는 환자의 비명을 고스란히 들어야 하는 의사도 괴롭긴 마찬가지였을 거야. 오죽하면 수술 받느니 차라리 죽는 게 낫겠다고 자살하는 사람까지 있었을 정도니까.

물론 그 시절에도 환자가 **통증**을 덜 느끼게 하려고 여러 가지 방법이 동원되기는 했어. 아주 단순하고 야만적인 방법이었지만 말이야. 술을 진탕 먹여 정신을 잃게 하거나 둔

12세기 안과 수술 장면을
그린 그림

기로 머리를 때려 기절시키기도 했지. 아편을 먹이거나 최면술을 쓰기도 했어.

고통에 발버둥치는 환자를 힘으로 눌러서 꼼짝 못 하게 해야 했으니까 힘센 사람도 몇 명 필요했지. 하지만 수술 중에 환자가 깨어날 가능성은 언제든 있었으므로 모든 수술은 최대한 빨리 진행해야 했고 그래서 손이 아주 빠른 의사가 필요했어. 물론 이렇게 너무 급하게 수술을 하다 보니 엉뚱한 장기를 잘라내는 일도 자주 있었다고 해.

마취제 개발 이전에는?

현대적인 마취제가 개발되기 전 수술에 사용한 약은 무엇이었을까? 기록에 의하면, 그리스의 의사 디오스코리데스는 '맨드레이크'라는 식물의 뿌리를 와인에 넣고 끓인 음료를 환자에게 먹인 후 다리 절단 수술을 했다고 해. 맨드레이크는 해리포터 시리즈 2권 〈비밀의 방〉에도 등장해서 유명해진 식물이지.

동양에서는 중국 후한 말기의 의사였던 화타가 여러 가지 약재를 섞어 만든 '마비산'이라는 약을 사용해 수술했다고 해.

최초의 현대적인 마취제, 아산화질소

마취제로 최초의 과학적 실험을 한 사람은 18세기 영국의 화학자인 험프리 데이비야. 데이비는 1798년 질소 원자 2개와 산소 원자 1개로 이루어진 **아산화질소**$_{N_2O}$ 가스를 마시면 통증을 느끼지 못한다는 것을 알아냈지. 그뿐만이 아니었어. 아산화질소 가스를 마시면 술에 취한 듯 정신이 몽롱해지고 기분이 좋아졌지. 그래서 이것을 일명 '웃음 가스'라고 부르기도 했어.

당시 젊은이들은 파티를 하거나 기분을 좋게 만들고 싶을 때 웃음 가스를 사용했다고 해. 하지만 마취제로서의 효과는 큰 주목을 받지 못해 실제로 수술에 사용되지는 않았어.

아산화질소를 마취제로 사용할 수 있겠다고 주목한 사람은 미국의 치과의사 호레이스 웰스였어. 그는 파티에 갔다가 웃음 가스를 마신 사람이 다리를 다쳐 피가 나는데도 통증을 느끼지 못하는 광경을 보았지. 그러고는 1844년 자신을 대상으로 실험을 해 보았어. 아산화질소를 흡입한 후 동료 의사에게 충치를 뽑으라고 한 거야. 정말 하나도 아프지 않았지. 최초의 무통 **발치** 실험이 성공하는 순간이었지.

자신감을 얻은 웰스는 많은 사람을 모아놓고 공개 실험을 했어. 그런데 마취 효과가 불완전한 상태에서 이를 뽑은 탓에 환자는 아프다며 고래고래 소리를 질렀지. 최초의 마취제 공개 실험은 안타깝게도 실패로 막을 내렸어.

마취제의 발전

웰스가 실패했던 공개 마취 수술은 그의 제자인 윌리엄 모턴이 성공시켰어. 모턴은 아산화질소 대신 에테르를 솜에 묻혀 환자에게 흡입시켜 의식을 잃게 했어. 그다음 의사가 목에 생긴 종양을 제거하기 위해 칼을 댔지만, 환자는 아무런 통증을 느끼지 못했지. 수술은 성공적으로 끝났고, 1846년은 세계 최초로 마취제를 성공적으로 사용한 해로 기록되었어.

하지만 에테르는 냄새가 독해 수술 중에 환자들이 토하기도 했고, 마취에서 깨어난 후에도 어지럼증, 두통, 졸림 같은 부작용을 일으켰어. 게다가 작은 불꽃만 닿아도 불이 붙는 인화성 때문에 안전하게 사용할 수 없었지.

에테르보다 부작용이 적고 우수한 마취제를 찾던 영국의

에테르를 사용해 전신 마취에
성공한 윌리엄 모턴

의사 제임스 심프슨은 '클로로폼'을 발견했어. 왕립병원에서 성공적으로 클로로폼을 외과수술에 사용한 심프슨은, 이후 통증 없이 아이를 낳는 무통 분만에도 사용했지.

당시 영국 여왕이었던 빅토리아 여왕이 1853년과 1857년, 클로로폼을 이용해 **무통 분만**으로 왕자와 공주를 무사히 낳았다는 소식이 퍼지면서 클로로폼의 명성은 더욱 높아졌어.

하지만 클로로폼도 강한 독성 때문에 지금은 마취제로 사용하지 않아. 대신 효과 좋고 안전한 다른 마취제가 많이 개발되어 수술실에서 사용 중이지. 덕분에 지금은 수많은 환자가 끔찍한 고통을 겪지 않고도 수술을 무사히 마칠 수 있어. 만약 마취제가 없었다면, 우리가 겪었을 고통이 어느 정도였을지 생각만 해도 아찔해.

알아두면 힘이 되는 의학 용어 풀이

수술   질병이나 외상 등을 치료하기 위해 피부, 점막, 조직 등을 칼 등으로 절개해 낫게 하는 의료 행위.

마취제   수술이나 시술하는 동안 마취 상태를 유도하는 약물. 마취란 약물을 사용해 의식과 감각의 일시적인 상실을 유도하는 것을 말함.

통증   신체 조직의 손상으로 유발된 감각과 감정의 불쾌한 감정. 몸에 이상이 생겼음을 알려주는 일종의 경고 장치 역할을 함.

아산화질소   질소 원자 2개와 산소 원자 1개로 이루어진 기체 화합물로 감미로운 향기와 단맛이 남. 웃음 가스라고도 부르며 치과 등 병원에서 통증 완화를 위한 마취용 가스로 사용됨.

발치   충치 등으로 손상된 이빨을 뽑는 과정.

무통 분만   산모들이 겪는 출산의 고통을 없애기 위해 마취제를 투여해 통증이 전달되는 신경을 차단하는 방법.

소독의 역사는 생각보다 오래되었어. 기록에 의하면, 이집트인들은 이미 5,000년 전 선사시대부터 시체를 미라로 만들 때 방부제를 만들어 썼다고 해. 의학의 아버지로 불리는 히포크라테스도 손 씻기의 중요성을 강조했던 사람이야. 상처를 씻을 때는 끓인 물을 사용하고, 수술하는 사람들은 손과 손톱을 깨끗하게 관리하라고 말했지.

3
세균 없는 병원으로,  소독약

감염병을 예방하려면 손 씻기가 중요해. 이 사실은 이제 전 국민이 다 아는 상식이 됐지. 병원에서 일하는 의사들은 더 철저하게 손을 씻지. 드라마에서도 의사가 수술하기 전이나 환자 진료 전에는 항상 손을 깨끗하게 씻는 걸 볼 수 있잖아? 이때 사용하는 약은 **소독약**이야.

소독약으로는 과산화수소수, 포비돈요오드, 에탄올 등을 사용해. 포비돈요오드는 '빨간약'으로 잘 알려진 약이야. 그런데 놀랍게도 160년 전의 의사들은 수술 전에 손을 전혀 씻지 않았어. 감염병 예방의 최선책인 손 씻기가 일반화된 데는 한 불운한 의사의 눈물겨운 노력이 숨어 있단다.

손 씻기를 강조한 히포크라테스

사실 소독의 역사는 생각보다 오래되었어. 기록에 의하면, 이집트인들은 이미 5,000년 전 선사시대부터 시체를 미라로 만들 때 방부제를 만들어 썼다고 해. 의학의 아버지로 불리는 히포크라테스도 손 씻기의 중요성을 강조했던 사람이야. 상처를 씻을 때는 끓인 물을 사용하고, 수술하는 사람들은 손과 손톱을 깨끗하게 관리하라고 말했지. 하지만 왠지 모르게 이런 전통은 사라져 버리고 중세까지 소독의 암흑기가 이어졌어.

수술을 하는 의사들은 아무런 소독도 하지 않았고 수술받은 환자들도 세균 감염에 무방비로 노출되었어. 그러다 보니 수술은 성공했지만 몸전체에 나타나는 심각한 세균 감염인 **패혈증**으로 사망하는 일이 매우 흔했지.

놀라운 수술실 풍경

1846년 에테르를 사용한 최초의 공개 수술이 성공적으로 이루어진 당시의 사진을 보면, 뻥 뚫린 커다란 공간에 수술을 집도하는 의사와 구경하는 사람들이 수술복이 아닌 평상복을 입고 환자 주위에 둘러서 있는 걸 볼 수 있어.

수술에 참여한 의사는 물론 그곳의 누구도 마스크와 수술용 장갑을 착용하지 않았지. 물론 수술 전이나 중간에도 소

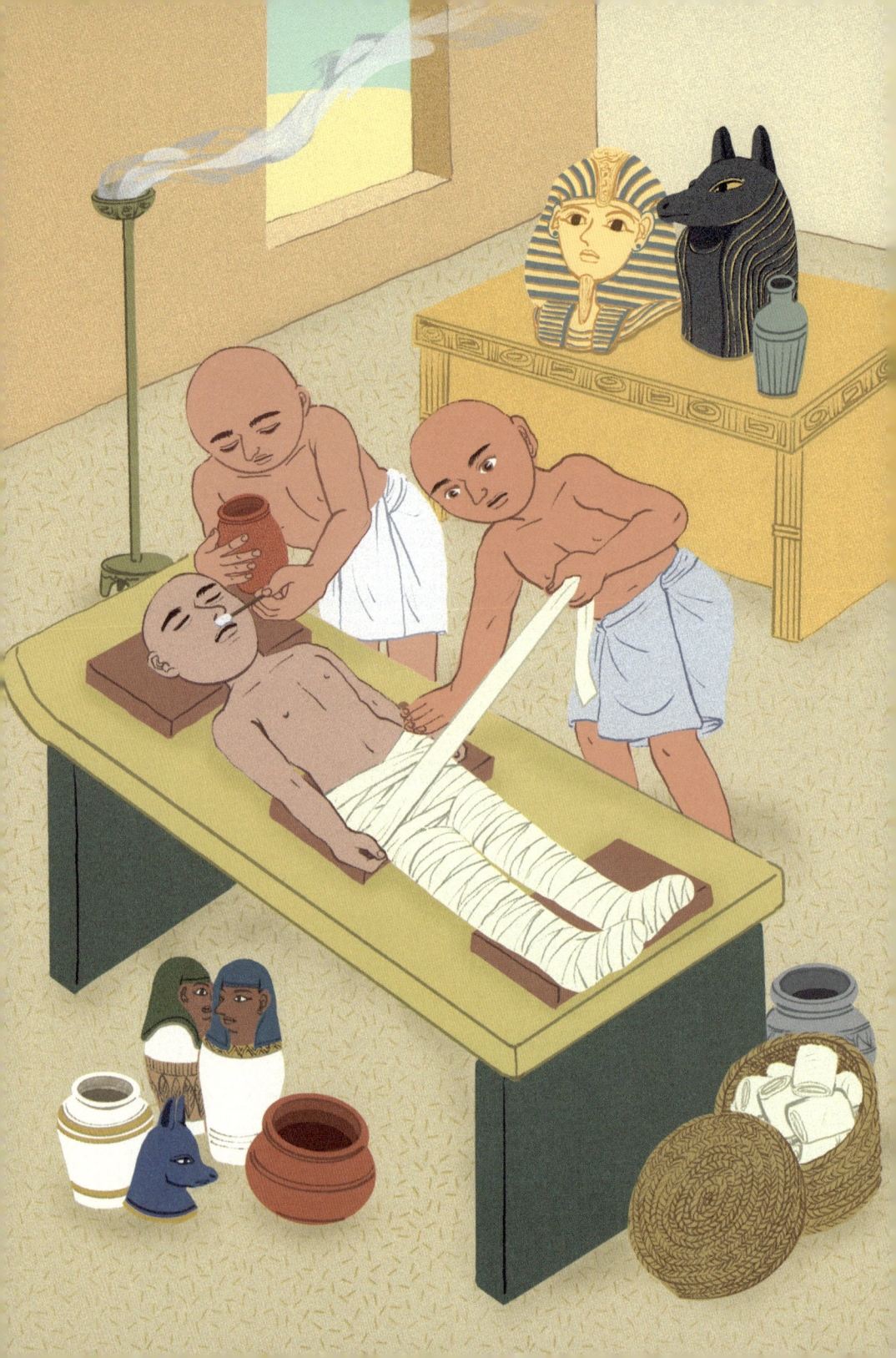

독약을 전혀 사용하지 않았단다.

소독법의 선구자 제멜바이스

비슷한 시기에 오스트리아 빈의 종합병원 산부인과 조교수인 이그나츠 제멜바이스는 입원한 산모들이 아기를 낳은 후 산욕열에 잘 걸리는 이유가 무엇인지 고민 중이었어.

산욕열이란 산모가 출산하고 하루에서 열흘 사이에 열이 38℃ 이상으로 올라 이틀 이상 가는 경우를 말해. 산욕열은 여성의 생식기관이 감염되면서 일어나는데, 심하면 패혈증으로 발전할 수 있는, 사망률이 높은 병이었지. 과거에는 산욕열이 흔해서 산모의 사망률이 높았어.

그런데 이상한 건, 큰 병원에 입원해 출산한 산모들이 산욕열로 사망한 경우는 10~30%나 되었지만, 시골 조산원에서 아기를 낳은 산모의 사망률은 4~5%에 불과했다는 거야. 의사도 아닌 **산파**들이 근무하던 조산원의 사망률이 체계적인 교육을 받고 경험이 풍부한 의사들이 있는 산부인과보다 낮다는 건 이해할 수 없는 일이었지. 이 현상을 이상히 여긴 제멜바이스는 그 원인을 분석해 보았어.

손 씻기를 주장한
제멜바이스

그러던 1847년의 어느 날, 제멜바이스의 동료 의사가 산욕열로 죽은 산모의 시체를 해부하다가 칼에 찔려 감염증이 발생한 일이 있었어. 산욕열에 걸린 산모와 비슷한 증세를 보이던 의사는 결국 죽고 말았지. 제멜바이스는 산모의 몸에서 나온 어떤 물질이 친구를 죽음으로 몰아갔다고 생각하고 그 물질을 제거할 방법을 찾아냈어.

그 방법은 지극히 간단했어. 산모의 시체를 해부한 후에는 반드시 손을 비누와 염소수로 깨끗하게 씻는 거야. 당시 의사들은 시체를 해부한 다음에 손도 씻지 않은 채 곧바로 아기를 낳는 산모에게 가는 것이 지극히 당연했거든. 마치 자동차 정비를 끝낸 정비공이 손을 씻지 않고 다른 자동차를 정비하는 것과 같은 셈이었지. 조산사들도 손을 철저히 씻은 건 아니었지만, 시체 해부에는 참여하지 않았기 때문에 사망률이 낮았던 거였어.

손 씻기의 효과는 극적이었어. 1846년 3월, 18%까지 치솟았던 병원의 산모 사망률은 의사들이 손을 씻고 난 후에는 1~2%로 떨어졌거든. 의사들이 입는 옷과 진료기구까지 깨끗이 소독한 후에는 사망률이 0.5%까지 떨어졌지. 단순하지만 위대한 진리가 확인된 순간이었어.

"환자를 돌보는 의사들은 손을 깨끗이 씻어야 한다."

제멜바이스의 슬픈 최후

이렇게 획기적인 발견을 하고 산모들을 죽음의 문턱에서 구한 제멜바이스는 주변 동료들로부터 인정을 받고 명성도 높아졌을까?

아니야. 실망스럽게도 당시 빈의 의사들은 오스트리아도 아닌 헝가리 시골 출신의 의사인 제멜바이스의 말을 믿지 않았어. 손을 깨끗이 씻지 않은 의사 때문에 환자가 죽었다는 사실을 인정하기 싫었던 거야. 오히려 다른 의사들로부터 거센 공격을 받던 그는 견디지 못하고 1849년 고향인 헝가리로 돌아가야만 했어. 자신의 주장이 받아들여지지 않는 현실에 크게 실망한 제멜바이스는 1865년 정신병원에서 쓸쓸하게 죽음을 맞고 말았단다.

'제멜바이스 반사'라는 말이 있어. 사람들이 오랫동안 믿고 따라온 생각과 반대되는 새로운 지식이 등장하면 그것이 옳은지 그른지 생각지도 않고 무조건 거부하고 보는 것을 의미하는 말이야.

하지만 결국 옳은 것은 이기게 되어 있지. 그의 주장은 30여 년이 지나 파스퇴르와 코흐의 세균 감염에 관한 연구가 발전하면서 인정받게 되었어. 우리는 제멜바이스의 사례에서 다음과 같은 교훈을 얻을 수 있지.

"상식을 거부하는 오만과 편견은 세균이나 바이러스보다 위험하다."

알아두면 힘이 되는 의학 용어 풀이

감염병   우리 몸에 세균이나 바이러스 같은 병원체가 들어가 열, 설사 등과 같은 증상이 나타나는 질환.

소독약   상처가 났을 때 세균 등에 의한 감염을 막기 위한 용도로 사용하는 약. 과산화수소수, 포비돈요오드, 에탄올 등이 있음.

패혈증   세균 등 미생물에 감염되어 전신에 심각한 염증 반응이 나타나는 상태. 패혈증에 저혈압이 같이 나타나면 '패혈성 쇼크'라고 부름.

산욕열   분만이나 유산 과정에서 여성의 생식기관 감염으로 발생한 열을 말함. 보통 분만 후 2~10일 이내에 38℃ 이상의 열이 이틀 이상 나타나는 경우 진단함.

산파   출산 과정에서 아기를 받고 산모를 도와주는 일을 직업적으로 하는 사람.

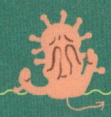
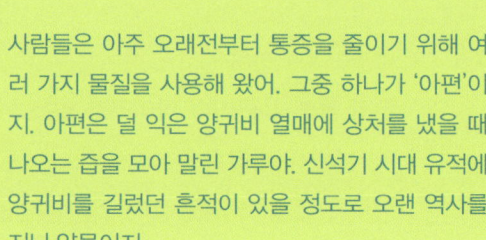

사람들은 아주 오래전부터 통증을 줄이기 위해 여러 가지 물질을 사용해 왔어. 그중 하나가 '아편'이지. 아편은 덜 익은 양귀비 열매에 상처를 냈을 때 나오는 즙을 모아 말린 가루야. 신석기 시대 유적에 양귀비를 길렀던 흔적이 있을 정도로 오랜 역사를 지닌 약물이지.

4 인류를 통증에서 구한, 진통제

"아픈 만큼 성숙해진다."

독일의 유명한 철학자 니체의 말이야. 젊어서 실패를 많이 할수록 나중에 더 큰 성공을 이룬다는 말이지. 하지만 실제로 아픈 걸 좋아하는 사람이 어디 있겠어? 두통이나 치통 같은 가벼운 통증부터 암으로 인한 심한 통증까지, 갖가지 통증을 피하고 싶은 건 누구나 마찬가지일 거야. 이럴 때 사람들이 찾는 약이 바로 **진통제**지. 이번에는 가장 유명한 진통제인 **모르핀**과 **아스피린**에 대해 알아보자.

진통제로 쓰인 아편

뜨거운 주전자에 손을 살짝 댔다고 생각해 봐. 피부에는 해로운 자극을 느끼는 장치인 **감각 수용체**가 있어. 감각 수용체로부터 통증 자극을 전달받은 뇌는 즉시 주전자에서 손을 떼라는 명령을 내리지. 순식간에 일어나는 이런 행동 덕분

에 우리는 고통을 피하고 살아남을 확률을 높일 수 있었어.

그렇다면 진통제는 언제부터 사용되었을까? 사람들은 아주 오래전부터 통증을 줄이기 위해 여러 가지 물질을 이용해 왔어. 그중 하나가 **아편**이지. 아편은 덜 익은 양귀비 열매에 상처를 냈을 때 나오는 즙을 모아 말린 가루야. 신석기 시대의 유적에도 양귀비를 길렀던 흔적이 있을 정도로 아편은 오랜 역사를 지닌 약물이지. 아편의 약효는 16세기를 지나면서 큰 주목을 받아 마치 만병통치약처럼 널리 쓰였어. 사람들은 아편을 하늘이 내린 신비한 약이라고 부를 정도였지. 하지만 아편은 **중독성**이 강해서 많은 사람이 아편 중독으로 큰 고통을 겪기도 했어.

악마의 약, 모르핀

19세기에 들어서자 독일의 화학자 프리드리히 제르튀르너는 아편에서 '모르핀'을 추출하는 데 성공했어. 그리스 신화에 나오는 꿈의 신 '모르페우스'에서 이름을 딴 모르핀은 아편보다 10배나 강한 진통 효과를 자랑했지. 그러나 진통 효과가 커질수록 중독성도 같이 커졌어.

만병통치약처럼 쓰였던
아편의 원료 양귀비

19세기 중반에는 피하주사기가 개발되어 모르핀을 주사로 투여할 수 있게 되면서 중독 환자는 더욱 늘어났지. 아편을 주사로 투여하면 입으로 먹거나 코로 들이마시는 것보다 훨씬 더 중독성이 커지거든. 하늘에서 내린 약이 아니라 악마의 약, 마약이 된 거야. 하지만 말기암 환자의 지독한 통증을 다스리는 데 모르핀만 한 약은 없었어. 이처럼 약은 적절하게, 잘 쓰는 게 중요해.

아편 전쟁

아편이 세계 역사에서 아주 큰 영향을 미친 적이 있었어. 바로 19세기 중반 중국에서 일어났던 청나라와 영국간의 '아편 전쟁'이야. 당시 영국은 사람들이 좋아하는 차를 청나라에서 수입하고 있었는데, 그 때문에 무역 적자가 아주 엄청났어. 쉽게 말해 중국에 물건을 파는 것보다 중국에서 사오는 물건이 더 많았다는 거야.

이 적자를 어떻게 메꿀까 고민하던 영국 정부는 식민지였던 인도의 벵골 지역에서 생산한 아편을 이용하기로 했어. 상당히 치졸한 방법이었지. 차를 많이 수입해 생긴 손해를 중독의 위험이 있는 아편으로 메꾸려 하다니 말이야.

　영국 정부는 중국인이 좋아하도록 아편에 불을 붙여 연기를 흡입하는 제품을 개발해서 수출을 시작했어. 마치 담배처럼 말이야. 아편은 특히 고된 육체노동을 하던 노동자들 사이에 큰 인기를 끌었지. 얼마 지나지 않아 청나라의 많은 사람이 아편 중독에 빠졌고 거리 곳곳에 아편에 취해 누워 있는 사람들이 늘어났어. 한번 아편의 맛을 본 사람은 절대로 빠져나올 수 없는 함정에 빠진 거나 마찬가지였거든. 차를 팔아 흑자를 보던 청나라의 무역은 이러한 영국의 계략으로 졸지에 적자로 돌아서게 되었어.

　이를 보다 못한 청나라의 청렴하고 유능한 관리 임칙서는 청나라로 들어오는 아편의 밀수를 강력히 단속하고 마약을 팔던 사람들을 홍콩으로 내쫓았어. 그러자 영국은 크게 반발하면서 영국과 청나라 두 나라 사이의 무역 규모를 늘리겠다는 명분을 내세워 1839년 전쟁을 일으켰지. 하지만 두 나라 군대의 화력 차이가 워낙 컸기 때문에 청나라는 영국의 상대가 되지 못했어.

　아편전쟁은 결국 영국의 승리로 끝났고, 청나라는 홍콩을 영국에 내 주고 엄청난 배상금까지 물어내는 굴욕을 당했

1929년경 네덜란드
자동차에 실린 아스피린 광고

지. 생각해 보면 이 전쟁은 영국이 마약 관련 이권을 지키려는 욕심으로 일으켰던 아주 비도덕적인 전쟁이었어.

가장 많이 팔린 약, 아스피린

두통이나 치통 등 가벼운 통증에 쓰는 약은 무엇일까? 바로 아스피린이야. 19세기에 만들어진 아스피린은 역사상 가장 많이 팔린 약으로 유명해.

아스피린의 기원은 버드나무 껍질이야. 고대로부터 사람들은 버드나무 껍질이나 이파리에 통증을 줄이고 열을 낮추는 효과가 있다는 걸 알고 있었어. 기원전 3000년경에 쓰인 이집트의 파피루스에도 기록이 남아 있고, 히포크라테스도 버드나무 차를 치료에 사용했다고 해.

19세기 들어서면서 버드나무에서 진통 효과가 있는 물질을 찾는 연구가 활발해졌어. 버드나무 껍질에서 추출한 '살리실산'은 진통 효과가 뛰어나서 널리 사용되기는 했지만, 맛이 매우 썼을 뿐만 아니라 위장을 자극해 극심한 위통을 유발해서 환자들의 고통이 너무 컸기 때문이야.

이때 나타난 사람이 독일의 바이엘이라는 제약회사에서

근무하던 펠릭스 호프만이었어. 호프만의 아버지는 관절염 때문에 살리실산을 먹고 있었는데, 부작용으로 큰 고통을 받고 있었다고 해. 이를 안타깝게 여기던 호프만은 효과 좋고 부작용은 적은 약을 개발하기로 결심했어.

드디어 1897년, 호프만은 같은 회사에 근무하는 아이첸 그룬과 힘을 합쳐 살리실산을 약간 변형한 '아세틸살리실산'을 개발했어. 이 약은 진통 효과는 살리실산과 같으면서도 먹기에 편하고 부작용도 적었지.

바이엘에서는 이 약을 '아스피린'이라는 이름으로 판매하기 시작했어. 아스피린은 등장과 함께 엄청난 인기를 끌었고 지금까지도 세계에서 가장 많이 만들어지고 소비되는 약이 되었어.

물론 지금은 아스피린 말고도 우수한 효과를 가진 안전한 진통제가 많이 개발되었어. 진통제는 우리를 통증에서 해방했을 뿐만 아니라 의학의 발전에도 크게 이바지한 아주 중요한 약이야.

알아두면 힘이 되는 의학 용어 풀이

진통제   통증을 없애거나 줄이기 위해 사용하는 약물. 마약성 진통제와 비마약성 진통제로 구분함.

모르핀   중추신경계의 아편유사 수용체에 작용해 진통 효과를 발휘하는 약물. 심한 통증을 누그러뜨리기 위해 사용함.

아스피린   해열 및 진통 목적으로 널리 사용하는 약물. 혈전핏덩어리이 생기는 것을 막는 효과가 있어 심혈관질환 예방약으로도 사용함.

감각 수용체   외부로부터 감각 자극을 받아 전기적 자극으로 바꾸어 감각신경섬유에 전달하는 역할을 하는 곳.

아편   양귀비의 덜 익은 열매에서 얻은 유액을 말려 채취한 마약의 종류.

중독성   알코올이나 마약 같은 약물 남용으로 정신적·육체적 중독을 일으키는 정도.

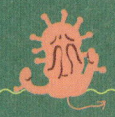

18세기 초부터 과학자들은 당뇨병의 원인이 췌장에서 만들어지는 어떤 물질 때문이라는 것을 알아내고, 이 물질을 분리하기 위해 노력했어. 이 연구에는 많은 과학자가 경쟁적으로 매달리고 있었지. 그런데 최초로 인슐린을 분리하고 치료에 사용한 사람은 뜻밖에도 호르몬 연구와는 전혀 관계가 없었던 캐나다의 정형외과 의사 프레더릭 밴팅이었어.

5 당뇨병 환자들의 희망, 인슐린

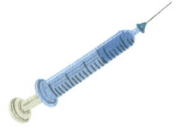

지난 2021년은 **당뇨병** 치료제인 **인슐린**이 발견된 지 100년이 되는 해였어. 의학 역사상 가장 위대하고 흥미진진한 발견인 인슐린은 그동안 수많은 당뇨병 환자의 생명을 구한 약이야.

100여 년 전만 해도 10대의 나이에 당뇨병이 생긴다는 건 곧 사형선고나 다름없었지. 하지만 인슐린 발견 후 한 달에 불과했던 당뇨병 환자의 기대 수명은 45년으로 길어졌고, 사망률도 1/6로 줄어들었어. '죽음의 병'으로 불렸던 당뇨병이 인슐린의 발견으로 '관리 가능한 병'으로 바뀌게 된 거야.

당뇨병은 무엇일까?

당뇨병이란 이름은 소변으로 많은 양의 **포도당**이 섞여서 배출되기 때문에 붙여졌어. 정상일 때는 포도당을 콩팥에서

모두 재흡수하기 때문에 소변으로 배설되지 않아. 하지만 혈액 중의 포도당 **혈당** 수치가 정상보다 지나치게 높은 상태가 계속되면 콩팥에서 다 재흡수하지 못하고 남는 포도당을 배설하게 되지.

혈당 수치가 높아지는 이유는 인슐린이라는 호르몬이 부족하거나 제대로 작용하지 않기 때문이야. **췌장**에서 만드는 인슐린은 우리 몸의 중요한 에너지원인 포도당을 세포가 섭취해 이용할 수 있도록 해 주는 역할을 하거든. 인슐린이 없다면 세포는 에너지를 쓸 수도 저장할 수도 없어.

포도당을 이용하지 못하는 세포는 몸에 저장된 지방이나 근육의 단백질을 에너지원으로 사용할 수밖에 없겠지. 그러면 체중이 줄고 콩팥장애, 심근경색, 뇌출혈, 시력상실과 신경장애 같은 합병증이 생기면서 결국은 죽게 되는 거야.

인슐린 발견에 도전한 밴팅

이렇게 무서운 당뇨병의 치료제인 인슐린은 어떻게 발견됐을까? 18세기 초부터 과학자들은 당뇨병의 원인이 췌장에서 만들어지는 어떤 물질 때문이라는 것을 알아내고, 이 물질을 분리하기 위해 노력했어.

이 연구에는 많은 과학자가 경쟁적으로 매달리고 있었지. 그런데 뜻밖에도 최초로 인슐린을 분리하고 치료에 사용한 사람은, 호르몬 연구와는 전혀 관계가 없었던 캐나다의 정형외과 의사 프레더릭 밴팅이었어.

밴팅은 어린 시절부터 단짝이었고 의과대학도 같이 다녔던 친구가 당뇨병으로 서서히 죽어가는 걸 보고 당뇨병 치료법을 연구하기로 결심했던 거야.

독학으로 공부하던 밴팅은 췌장의 호르몬 생산 세포가 모인 **랑게르한스섬**에서 분비하는 어떤 물질이 당뇨병과 관계가 있다는 걸 알게 됐어. 그런데 문제는 췌장 조직을 갈아 얻은 추출물에는 인슐린을 분해하는 **소화효소**가 함께 섞여 있다는 거였어. 그는 **췌장관**을 묶어 소화효소가 나오는 걸 막으면 인슐린을 온전하게 추출할 수 있겠다고 생각했지.

하지만 밴팅에게는 연구할 장소와 장비가 없었어. 고민하던 밴팅은 토론토 의과대학 생리학 교수인 존 매클라우드를 찾아가 자신의 아이디어를 설명하고 실험실을 빌려 달라고 부탁했어. 매클라우드는 처음에는 밴팅의 계획을 별로 마음에 들어하지 않았지만, 밴팅의 열정에 감복해서 마지못해

승낙하고 말았지. 어차피 자신은 여름방학 동안 고향인 스코틀랜드로 휴가를 떠나야 하니 실험실이 비었고 그래서 그동안만 실험실을 사용하도록 허락한 거였어.

밴팅과 베스트의 실험

매클라우드는 동물 실험에 미숙했던 밴팅을 위해 조수를 붙여 주기로 했어. 그러고는 대학원생인 찰스 베스트와 에드워드 노블을 불러 밴팅의 연구를 도와줄 것을 지시했지. 하지만 밴팅은 조수는 한 명이면 충분하다고 말했고, 베스트와 노블은 동전 던지기를 해서 누가 조수를 할지 결정했어. 동전 던지기에서 이긴 사람은 베스트였지. 이런 행운으로 베스트는 밴팅과 함께 인슐린을 발견한 사람으로 역사에 길이 남게 된 거야.

1921년 여름방학 동안 밴팅과 베스트는 개의 췌장관을 묶어 소화효소의 분비를 막은 다음, 췌장에서 추출한 물질을 당뇨병이 생긴 개에게 주사하는 실험을 진행했어. 원래 매클라우드는 10마리의 개만 실험에 사용할 것을 허락했지만, 10마리를 다 사용했어도 실험은 성공하지 못했지. 하지

만 그는 포기하지 않고 끈기 있게 연구를 계속했어. 91마리까지 계속 실패를 거듭하던 연구는 마침내 92마리에서 기적적으로 성공할 수 있었어.

휴가에서 돌아온 매클라우드는 그들의 연구 결과를 보고 너무 놀랐어. 그제야 연구실의 역량을 총동원해 인슐린 연구를 지원했지. 밴팅은 소와 돼지의 췌장을 모아 인슐린을 추출했고, 생화학자인 제임스 콜립의 도움을 받아 인슐린을 순수하게 분리했어.

드디어 1922년 1월, 밴팅은 당뇨병에 걸려 사경을 헤매던 14세 소년 톰슨에게 처음으로 인슐린을 투여했어. 톰슨은 생명을 건졌고 건강하게 13년을 더 살았지. 톰슨의 사망 원인은 당뇨병이 아니라 오토바이 사고였다고 해.

인슐린 발견, 그 후

역사적인 인슐린 발견의 공로를 인정받아 밴팅은 다음 해인 1923년, 32살의 나이로 최연소 노벨 생리의학상을 받았어. 그야말로 전광석화같이 빨리 이루어진 수상이었지. 그런데 놀라운 것은 같이 연구를 진행했던 베스트가 아닌 매클라우

실험실에 사용했던 개와
함께 선 밴팅(오른쪽)과 베스트(왼쪽)

드와 공동으로 노벨상을 받았다는 거야.

이 결정이 마음에 들지 않았던 밴팅은 베스트가 수상자가 되어야 한다고 주장하며 노벨상 상금을 베스트와 나눴어. 하지만 매클라우드는 인슐린 발견이 자신의 연구실에서 이루어졌기 때문에 책임자인 자신이 노벨상을 받는 건 당연하다고 주장했지. 물론 매클라우드도 콜립과 상금을 나눠 가졌다고 해.

우직한 성품의 밴팅은 인슐린의 발견을 인류 모두의 재산으로 여겼어. 그래서 막대한 재산을 모을 수 있는 기회를 포기하고 베스트와 뜻을 모아 토론토 대학에 인슐린 제조 특허권을 단 1달러에 양도했단다. 덕분에 인슐린은 채 1년도 되지 않아 당뇨병의 표준 치료법으로 자리를 잡았지.

제2차 세계대전이 일어나자 밴팅은 50세의 나이에도 군의관으로 입대해 활약하다가 안타깝게 비행기 사고로 사망했어. 이렇듯 영웅적인 업적을 이룬 밴팅은 아직도 많은 캐나다 사람들의 우상이기도 해.

알아두면 힘이 되는 의학 용어 풀이

당뇨병 소변으로 포도당이 배출된다고 하여 이름이 붙여진 병. 인슐린 분비량이 부족하거나 정상적으로 기능하지 않아 발생함.

인슐린 췌장의 베타세포에서 만들어 분비하는 호르몬. 혈액에서 포도당을 세포 내로 이송해 혈당을 조절하는 등 탄수화물과 지방의 대사에 중요한 역할을 함.

포도당 밥, 빵, 채소, 과일 등의 음식에 들어 있는 탄수화물의 하나로 우리 몸 대부분의 세포가 주된 에너지원으로 사용함.

췌장 위의 뒤쪽에 있는 길이 약 15cm의 가늘고 긴 장기로 소화효소와 인슐린 등 호르몬을 분비함.

랑게르한스섬 췌장에 있는 호르몬을 생산하는 내분비 조직으로 독일의 학자 랑게르한스가 1869년 발견함.

소화효소 음식물에 들어 있는 영양소의 분해를 촉진해 흡수를 돕는 물질.

췌장관 췌장에서 소화액을 분비하도록 샘창자(십이지장)로 이어진 관.

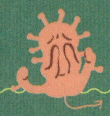

페니실린을 발견해 연합군의 제2차 세계대전 승리에 크게 이바지한 플레밍은 국가적 영웅으로 대접받게 되었어. 페니실린 발견 이후 인간의 삶은 그 이전과 완전히 달라졌다는 평가를 받을 정도로 페니실린이 인류에 미친 영향은 엄청났다고 할 수 있단다.

6
세균과의 전쟁에 맞선,
항생제

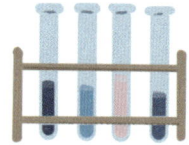

신석기 시대 이후 한곳에 모여 살기 시작한 인류에게 무서운 불청객이 찾아왔어. 바로 끊임없이 출몰하는 **전염병**이었지. **페스트**, 천연두, **콜레라**, **장티푸스**, **말라리아** 같은 전염병은 주기적으로 인류의 생명을 앗아갔어. 그리고 보면 인류 역사는 끊임없는 전염병과의 싸움의 역사라고 해도 과언이 아닐 정도야.

중세 유럽을 휩쓴 페스트

인류를 위협했던 전염병 중 가장 무서웠던 것은 중세 유럽을 휩쓸었던 페스트였어. '흑사병'이라고도 불리는 페스트는 페스트균에 의해 발생하는 치명적인 전염병이야. 오늘날까지도 사라지지 않고 위세를 떨치는 페스트는 쥐에 기생하는 벼룩을 통해 주로 전염된다고 알려져 있어.

　페스트균에 감염된 사람은 고열, 기침, 각혈^{피가 섞인 가래를}

기침과 함께 배출하는 증상, 호흡곤란 등을 호소하다가 의식을 잃고 죽게 되는 것이 일반적이야.

1346년에서 1353년 사이에 유럽을 덮쳤던 페스트는 당시 유럽 인구의 30~60%에 달하는 8,000만 명에서 2억 명을 죽음으로 몰아갔어. 유럽은 당시 인구를 회복하는 데 200년이 걸렸다고 해.

페스트가 왜 발생하는지 이유를 몰랐던 중세 사람들은 타락한 인간을 벌 주려는 신의 회초리라고 생각했지. 할 수 있는 것이라곤 기도와 금식뿐이었어.

항균제 시대의 개막

페스트 이후에도 많은 전염병이 사람들을 끊임없이 괴롭혔어. 1918년 전 세계를 강타했던 스페인 독감은 제1차 세계대전의 사망자인 2,000만 명보다 많은 무려 5,000만 명을 희생시켰을 정도야. 하지만 인류는 이런 전염병에 맥없이 당하고 있지만은 않았어.

우리는 언제부터 무서운 전염병에 맞서 싸울 무기를 갖게 됐을까? 그건 19세기 파스퇴르와 코흐가 전염병의 원인이

에를리히의 얼굴이 그려진
옛 독일 화폐

세균 같은 미생물이라는 사실을 밝히면서였어.

1909년에 드디어 병을 일으킨 균만 골라 죽이는 살균제인 '살바르산'이 등장했지. 최초의 현대 의약품이라 불리는 이 약을 소개한 사람은 독일의 미생물학자 파울 에를리히였어. 이를 시작으로 해서 인류는 병원균에 대항할 수 있는 효과적인 수단을 가지게 되었지.

살바르산은 치료 효과는 좋았지만, 부작용이 매우 심했어. 귀와 눈이 멀고 팔다리를 절단하는 사람까지 나타났을 정도였으니까 말이야. 빨리 다른 약을 찾아야 했지. 획기적인 해결책을 제시한 사람은 독일의 생화학자 게르하르트 도마크였어. 물질을 염색하는 데 쓰는 염료를 가지고 연구하던 그는 1935년 살균작용이 있는 최초의 설파sulfa제인 '프론토질'을 발견했단다.

도마크는 바늘에 찔려 생긴 심각한 패혈증으로 팔을 절단할 위기에 처했던 딸에게 신약을 투여해 회복시켰어. 설파제는 폐렴으로 고생하던 영국 총리 처칠의 생명을 두 번이나 구했던 것으로도 유명해.

우수한 **항균제**가 계속 발명되면서 설파제의 사용은 많이 줄었지만, 본격적인 항균제의 시대를 열었던 설파제의 중요

성은 지금도 인정받고 있어.

페니실린을 발견한 플레밍

1928년 영국에서는 알렉산더 플레밍이 20세기 의학계의 최대 성과로 일컬어지는 최초의 **항생제** 페니실린을 발견했어.

미생물을 기르면서 균을 억제하는 물질을 찾고 있었던 플레밍은 휴가를 떠나며 세균을 기르던 배양접시 뚜껑을 닫는 걸 깜빡 잊고 말았지. 그런데 마침 아래층 연구실에서 날아든 곰팡이 중 하나가 배양접시 위에 사뿐히 자리를 잡은 거야. 그러면 실험이 잘못된 것 아니냐고? 글쎄, 그렇게 생각할 수도 있겠네. 하지만 플레밍은 다르게 생각했지.

휴가에서 돌아온 플레밍은 곰팡이로 오염된 세균 배지_{세균 등을 기르는 데 필요한 영양소가 들어 있는 액체나 고체}에서 곰팡이 주위의 세균 성장이 멈춘 것을 발견했어. 그것은 푸른곰팡이로 알려진 '페니실리움 노타튬'이었는데, 플레밍은 이 곰팡이에 강력한 살균 효과를 가진 성분이 있음을 알아차리고 이를 분리했지. 바로 페니실린이었어. 우연이 가져온 발견이었지만, 플레밍의 끈기와 노력이 없었다면 위대한 페니실린은 탄생하지 못했을지도 몰라.

많은 부상자를 살린 페니실린

당시는 설파제의 발견으로 전 세계가 떠들썩했기 때문에 페니실린은 10년 이상 주목받지 못했어. 그럼에도 플레밍은 하워드 플로리와 에른스트 체인과 함께한 공동 연구로 페니실린의 강력한 항균 효과를 입증해냈지. 1941년 임상시험을 통과한 페니실린은 세균감염으로 죽어가던 많은 사람들의 생명을 구하기 시작했어.

전쟁이 일어나면 전투 중에 많은 병사가 총이나 포탄에 맞아 희생되기도 하지만, 상처를 입은 후 나타나는 감염증으로 죽는 경우가 더 많았어. 위생 상태도 지독히 나빴기 때문에 상처가 나면 감염을 피하기 어려웠지. 감염되면 고름이 흐르고 열이 나기 일쑤였어. 심하면 팔다리를 절단해야 했고, 세균이 전신으로 퍼지면 패혈증으로 인한 쇼크로 죽기도 했단다.

하지만 1941년 제2차 세계대전부터는 상황이 달랐어. 개

페니실린을 발견한
알렉산더 플레밍

발이 완료되어 막 사용을 시작한 페니실린 덕분이었지. 다친 병사들은 페니실린을 맞고 감염증을 예방할 수 있었어. 특히 페니실린은 1944년 6월에 있었던 노르망디 상륙작전에서 기적 같은 활약을 보였어. 상처를 입고 후송된 병사들은 페니실린을 투여받고 가스괴저세균에 감염되어 해로운 독소와 가스가 만들어지면서 근육이 썩어나가는 병나 패혈증 같은 합병증에 걸리지 않고 회복되었거든.

아직 끝나지 않은 세균과의 전쟁

페니실린의 발견으로 연합군의 제2차 세계대전 승리에 크게 이바지한 플레밍은 국가적 영웅으로 대접받게 되었어. 그 공로를 인정받아 1945년에는 플로리, 체인과 함께 노벨 생리의학상을 수상했지. 페니실린 발견 이후 인간의 삶은 그 이전과 완전히 달라졌다는 평가를 받을 정도로 페니실린이 인류에 미친 영향은 엄청났단다.

페니실린의 눈부신 성공에 자극받아 제2차 세계대전 이후 우수한 항생제가 많이 개발되었고, 전염병으로 고통 받던 인류는 하늘이 내린 축복과도 같은 선물을 마음껏 누렸어. 바야흐로 전염병은 대부분 해결된 것으로 보였지.

하지만 세균도 가만히 있지는 않았어. 인간에게 거센 반격을 시작한 거야. 항생제에도 죽지 않는 **내성균**이 등장했거든. 내성균이 퍼지는 속도는 사람들이 생각한 것보다 훨씬 빨랐어. 예전에 나온 항생제는 점점 효과가 없어졌고, 더 강력한 항생제가 필요하게 되었지.

지금도 인류는 내성균과 끊임없는 전쟁을 치르는 중이야. 내성균이 이렇게 계속 생기는 이유는 뭘까? 그건 바로 항생제를 지나치게 많이 사용했기 때문이야. 항생제를 만병통치약처럼 여기면서 바이러스 때문에 생기는 감기에까지 처방할 정도였으니까.

이러한 무분별한 사용은 어떤 항생제에도 효과가 없고 인류를 크게 위협할 수 있는 '슈퍼 세균'을 등장하게 만들 수 있어. 앞으로는 이에 대한 대책을 세우는 것이 우리에게 남겨진 큰 과제라고 할 수 있지.

알아두면 힘이 되는 의학 용어 풀이

전염병	세균이나 바이러스 등 병원체가 침입해 사람으로부터 사람으로 전파되는 질환.
페스트	페스트균에 의해 발생하는 치명적인 급성 열성 전염병으로 '흑사병'이라고도 함.
콜레라	콜레라균에 의해 감염되어 발생하는 급성 설사 질환. 심한 탈수를 일으켜 사망까지도 이를 수 있음.
장티푸스	장티푸스균에 의해 감염되어 발열과 복통 등의 증상을 나타내는 급성 감염 질환.
말라리아	모기를 매개로 하여 전파되는 전염병으로 발열, 오한 춥고 떨리는 증상, 발한 땀샘에서 땀을 분비하는 증상 등의 증상을 나타냄.
항균제	미생물의 성장을 억제하거나 죽이는 물질로 설파제, 항생제 등이 있음.
항생제	곰팡이 같은 미생물이 만든 물질로 다른 미생물, 특히 세균의 증식과 성장을 억제하는 약물.

내성균   특정 항생제에 노출되어도 항생제에 저항해 생존할 수 있는 능력을 갖춘 세균.

비타민은 에너지를 내지도 않고 몸의 구성 성분도 아니지만, 생명 유지에 필수적인 화학반응을 원활하게 일어나도록 하는 데 필요해. 탄수화물, 지방, 단백질 같은 주영양소와는 달리 아주 적은 양으로도 큰 효과를 내는 미량영양소라고 부른단다.

7

대영제국 탄생의 숨은 공신,

비타민C

귀여운 아기나 연인을 두고 "너는 나의 **비타민** 같은 존재야."라는 말을 하지. 그만큼 '비타민'은 좋은 것, 없으면 안 되는 것을 의미할 때 사용해.

비타민이라고 하면 아마도 제일 먼저 생각나는 건 몸이 좋아지라고 챙겨 먹는 영양제일 거야. 물론 음료수나 과자 속에 첨가되는 식품 재료로 사용되기도 하지. 그 외에도 많은 용도가 있지만, 비타민은 엄연한 의약품이야. 과연 비타민이란 무엇일까?

생명 유지에 필수적인 비타민

비타민은 에너지를 내지도 않고 몸의 구성 성분도 아니지만, 생명 유지에 필수적인 화학반응을 원활하게 일어나도록 하는 데 꼭 필요해. **탄수화물**, **지방**, **단백질** 같은 **주영양소**와는 달리 아주 적은 양으로도 큰 효과를 내기 때문에 **미량영**

양소라고 부르지.

비타민은 폴란드의 생화학자인 카지미르 풍크가 1911년 쌀겨에서 각기병에 효과가 있는 성분을 분리함으로써 처음으로 세상에 알려졌어.

비타민은 물에 잘 녹는 '수용성 비타민'과 물에 잘 녹지 않는 '지용성 비타민'으로 분류할 수 있어. 수용성 비타민인 B와 C는 우리 몸에 저장되지 않아서 자주 섭취해야 해. 채소나 과일 그리고 곡물에 많이 들어 있지. 비타민A, D, E, K는 지용성 비타민이야. 간이나 지방 조직에 저장할 수 있어서 수용성 비타민보다 자주 먹을 필요는 없어. 버터 같은 동물성 지방, 식물성 기름, 유제품, 간, 생선 등에 풍부하게 들어 있지.

의학적으로나 역사적으로 다 중요한 비타민이지만, 그중 비타민C는 세계사를 바꿀 정도로 엄청난 영향을 끼쳤어.

용맹스런 뱃사람들의 공포, 괴혈병

유럽인들은 15세기부터 전 세계를 돌아다니며 항로를 개척하기 시작했어. 1492년 콜럼버스가 아메리카 대륙을 발견한 이후 대서양이나 태평양을 건너는 장거리 항해가 본격적으로 늘어났는데, 이를 '대항해 시대'라고 불러.

짧게는 반년에서 길게는 4~5년을 거친 바다를 누비며 항해하는 강인한 뱃사람들에게 사나운 해적이나 거친 풍랑보다 더 두려운 것이 있었어. 그건 바로 뱃사람들만 걸린다는 희한하고도 무서운 병인 **괴혈병**이었지. 괴혈병에 걸린 사람은 심각한 피로에 시달리다가 잇몸에서 피가 나고 이빨이 빠지며 시름시름 앓다가 죽어가곤 했어.

대항해시대를 연 것으로 평가받는 포르투갈의 탐험가 바스쿠 다 가마는 배를 타고 최초로 인도에 도착한 사람이야. 하지만 1488년 아프리카 남쪽 끝의 희망봉을 돌 때 이미 선원 160명 중 100명 이상을 괴혈병으로 잃고 말았지.

1522년 세계 최초로 세계 일주에 성공한 스페인의 마젤란의 탐험대도 괴혈병 때문에 선원 대부분이 살아 돌아오지 못했어. 270명의 선원 중 단 18명만 돌아왔지.

배 위에서는 오랫동안 신선한 과일이나 채소를 먹을 수 없었으니 뱃사람들이 괴혈병에 걸리는 건 당연했을 거야. 괴혈병은 비타민C가 부족해서 생기는 병이라는 게 지금은 잘 알려진 사실이지만, 당시에는 누구도 그 이유를 몰랐지.

비타민C가 풍부한 오렌지나 레몬만 먹으면 괴혈병이 간단히 낫는다는 걸 알아낸 사람은 영국 해군에서 의사로 근무했던 제임스 린드였어. 린드는 1747년에 이 사실을 실험을 통해 성공적으로 입증했단다.

세계사를 바꾼 비타민 C

하지만 당시에는 이 괴혈병 예방법을 믿으려고 하는 사람들이 별로 없었어. 선원들은 여전히 과일이나 채소보다 빵과 고기를 더 원했거든. 그런 의미에서 영국의 제임스 쿡 선장의 사례는 아무리 좋은 사실이라도 사람들에게 절대 강요해서는 안 된다는 교훈을 주고 있지. 쿡 선장은 18세기 후반에 세계 일주에 성공한 인물이야. 그는 어떻게 선원들을 괴혈병으로부터 지켜냈을까?

쿡 선장은 비타민C가 풍부히 들어 있는 양배추를 절여 만든 발효식품인 '사워크라우트'를 일부러 간부들만 먹게 하고 선원들에게는 주지 않았어. 맛있게 사워크라우트를 먹는 간부들의 모습을 보고 선원들은 부러운 나머지 자기들에게도 달라고 요청했지. 쿡 선장은 그제야 사워크라우트를 선원들

선원들의 괴혈병을
예방하게 해 준 라임

에게 제공했어. 선원들은 기꺼이 사워크라우트를 먹었고, 쿡 선장은 단 한 명의 선원도 괴혈병으로 잃지 않고, 긴 항해를 무사히 마칠 수 있었지.

19세기 영국 해군은 괴혈병 예방을 위해 라임 감귤류의 하나 주스를 싣고 다니며 병사들에게 계속 공급했어. 덕분에 사람들은 영국 해군에게 '라이미 Limey'라는 별명을 붙여 줄 정도였지.

만약 괴혈병의 치료법이 조금 더 늦게 알려졌다면 '해가 지지 않는 나라' 대영제국은 탄생하지 않았을지도 몰라. 포르투갈이나 스페인 함대의 위세에 밀려 영국 해군은 명함을 내밀지 못했을 수도 있으니까.

비타민C 발견의 숨은 공신, 파프리카

이렇게 세계사를 바꿀 정도로 엄청난 위력을 발휘한 비타민 C의 정체는 헝가리의 생화학자 알베르트 센트죄르지에 의해 1928년에야 밝혀졌어. 센트죄르지는 사과를 깎아두면 갈색으로 변하는 '갈변현상'이 일어나는데, 왜 오렌지 같은 과일은 이 현상이 나타나지 않는지 궁금했지. 갈변현상이 일어나는 이유는 사과에 들어 있는 어떤 물질이 산소와 반응해 사과의 색깔을 변하게 하기 때문이었어. 센트죄르지는 이 물질을 분리하는 데 성공했어. 바로 비타민C였지.

비타민C의 추출에는 파프리카와 관련한 재미난 일화가 전해져. 센트죄르지는 헝가리 세게드의 지역 특산품인 파프리카를 비타민C 추출에 이용했어. 매일 저녁 식탁에 올라오는 파프리카를 먹기 싫었던 그가 이것을 실험실로 가져가 실험에 사용했던 거야. 센트죄르지의 편식 덕분에 비타민C의 발견이 앞당겨졌을 수도 있어.

센트죄르지는 비타민C를 동물에 투여해서 괴혈병을 예방할 수 있다는 사실을 입증해 1932년에 발표했어. 비타민C의 영문 화학명인 아스코르브산Ascorbic acid은 '괴혈병을 막는 산'이란 뜻이야. 이 이름은 없다는 뜻의 접두어 'a'와 괴혈병을 뜻하는 라틴어 'scorbia'가 합쳐져 만들어졌단다.

알아두면 힘이 되는 의학 용어 풀이

비타민	체내의 생체 반응이 쉽게 일어나도록 도와 생명체가 살아가는 데 중요한 역할을 하는 물질.
탄수화물	3대 영양소의 하나로 체내 에너지의 주요 원천 중 하나. 쌀이나 밀 등 곡류에 많이 들어 있으며 소화되어 포도당으로 분해되어 에너지로 활용됨.
지방	3대 영양소의 하나로 우리 몸에 에너지를 제공하고 저장하는 역할을 함. 세포막의 중요한 구성 성분이며, 체온의 유지와 호르몬의 생성에 중요한 역할을 함.
단백질	3대 영양소의 하나로 생명 유지에 필수적임. 우유와 육류에 많이 들어 있으며 다양한 생체 기능을 수행하고 근육 등의 조직을 구성함.
주영양소	우리 몸에서 에너지를 생성하고, 조직을 구성하고, 신진대사를 조절하는 역할을 하는 탄수화물, 단백질, 지방 등 세 가지 영양소.
미량영양소	체내에 적은 양만 필요하지만, 생명 유지와 건강에 필

괴혈병 　수적인 영양소. 비타민과 미네랄을 말함.
비타민C의 결핍으로 발생하는 질환으로 피로, 무력감, 출혈, 뼈의 변형, 이빨 손실 등의 증상을 나타냄.

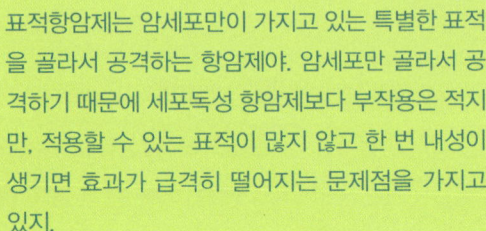

표적항암제는 암세포만이 가지고 있는 특별한 표적을 골라서 공격하는 항암제야. 암세포만 골라서 공격하기 때문에 세포독성 항암제보다 부작용은 적지만, 적용할 수 있는 표적이 많지 않고 한 번 내성이 생기면 효과가 급격히 떨어지는 문제점을 가지고 있지.

8 암 완전 정복의 꿈을 향해, 항암제

인류 최대의 적으로 불리는 암은 최근 40년 동안 사망 원인 중 1위를 차지할 정도로 많은 사람을 공포에 떨게 하는 병이야. 암은 약 170만 년 전 고인류의 화석에서도 흔적이 발견되었고 기원전 2600년경 작성된 이집트 파피루스에도 기록이 남아 있을 정도로 오래된 병이지.

이렇게 오랫동안 인류를 괴롭혀 온 암에 속수무책으로 당하고만 있던 우리는, 1971년 리처드 닉슨 미국 대통령이 암과의 전쟁을 선포한 이후 암과 맞서 싸울 방법을 본격적으로 찾기 시작했어.

암은 왜 생길까?

우리가 살아가는 동안 30조 개가 넘는 몸의 세포는 대부분 끊임없이 세대교체를 해. 우리는 하루 평균 약 3,300억 개의 세포를 갈아치우는데, 이것은 1초당 380만 개의 세포가

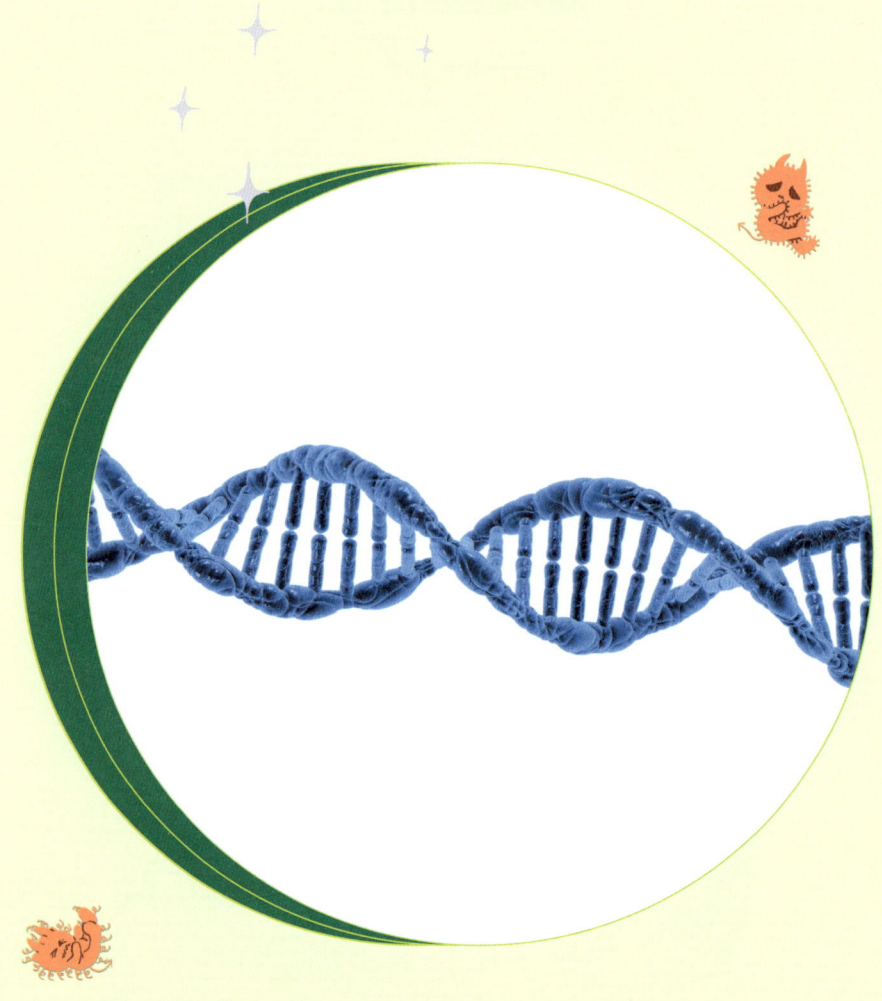

DNA이중 나선 구조

바뀐다는 얘기야. 늙은 세포는 **세포분열**로 새로 태어난 세포에 그 자리를 물려 주지. 세포분열은 똑같은 유전정보를 가진 DNA가 복제되는 것을 뜻해.

그런데 문제는 세포분열을 하면서 DNA 분자가 원본과 달라지는 **돌연변이**가 생길 수 있다는 거야. 돌연변이는 사실 대부분 아무런 해가 없지만, 이중 일부는 심각한 문제를 일으킬 수도 있어. 즉 암세포로 자랄 가능성이 있다는 말이지. 오래 살수록 세포분열의 횟수는 증가할 테니, 수명이 늘어남에 따라 암이 발생할 가능성도 점점 커지게 돼.

원래 우리 몸의 세포는 일정한 수와 기능을 유지하기 위해 세포분열을 엄격하게 조절하고 있어. 하지만 암세포는 이런 조절을 받지 않고 무한대로 계속 분열하고 증식해. 돌연변이 하나가 둘이 되고 수가 늘어남에 따라 더 많은 돌연변이가 생기기 때문에 점점 치료는 어려워지지. 게다가 암세포는 원래 생겼던 위치를 벗어나 혈액이나 림프를 타고 다른 장소로 이동하면서 새로운 암을 생기게 할 수 있어.

인류는 지난 50여 년 동안 막대한 돈을 투자해 효과적인 암 치료법을 찾고자 끊임없이 노력했어. 그런데도 아직 암과의 전쟁에서 승리하지 못한 이유는 암세포의 끈질긴 생명력을 가능케 하는 '항암제에 대한 **내성**'이라고 할 수 있지. 내성이란 약의 효과가 줄어드는 현상을 말해. 잘 듣던 항암제가 어느 날 아무런 소용이 없어지는 거야. 당연히 치료는 더 어려워지고, 그 암에 효과가 있는 새로운 항암제를 찾아야만 하지.

세포독성 항암제

암세포의 성장을 막거나 죽이는 역할을 하는 항암제의 원리는 무엇일까? 항암제는 개발 시기에 따라 제1세대 세포독성 항암제, 제2세대 표적항암제 그리고 제3세대 면역항암제로 구분할 수 있어.

가장 먼저 개발된 **세포독성 항암제**는 세포분열을 제멋대로 많이 하는 암세포의 특성을 이용한 항암제야. 활발히 분열하는 세포는 DNA 복제도 많이 일어나니까, 이 과정에 개입해 암세포를 죽이는 거지. 하지만 정상적으로 빠르게 분열하는 세포도 영향을 받을 수밖에 없어. 매일 분열하는 성장기 모낭세포를 공격해 머리가 빠지고 면역세포를 만드는 골수도 억제하면서 면역력이 떨어지는 부작용이 생기는 거야.

표적항암제와 면역항암제

표적항암제는 암세포만이 가지고 있는 특별한 표적을 골라서 공격하는 항암제야. 암세포만 골라서 공격하기 때문에 세포독성 항암제보다 부작용은 적지만, 적용할 수 있는 표적이 많지 않고 한 번 내성이 생기면 효과가 급격히 떨어지는 문제점을 가지고 있지.

이런 문제점을 극복한 건 우리 몸의 면역력을 키워 암세포와 싸우게 만드는 **면역항암제**야. 암세포는 면역세포를 속이는 일종의 속임수 전략을 써서 면역세포의 공격을 피해 가는데, 면역항암제는 암세포의 이런 전략을 불가능하게 만들지. 그래서 부작용과 내성이 훨씬 적어.

면역항암제의 효과는 2015년 당시 91세였던 지미 카터 미국 전 대통령의 **흑색종**을 완치시켰다는 소식이 전해지면서 많은 주목을 받았어. 그가 걸린 흑색종은 피부암의 일종으로 백인들이 많이 걸리는 병이야. 카터 대통령의 암은 이미 뇌와 간으로 전이된 상태였기 때문에 별로 희망이 없었지. 하지만 놀랍게도 새로운 면역항암제인 '키트루다'를 투여한 지 4개월 만에 암이 사라졌어.

물론 면역항암제는 아직 갈 길이 먼 미완의 약물이야. 면역항암제를 개발해 2018년 노벨 생리의학상을 받은 일본의 면역학자 혼조 다스쿠는 수상 기념 강연에서 이렇게 말했어.

"2030년이면 암이 인간의 생명을 위협하는 질병은 아닐 것이다."

"암이 완전히 사라지지는 않겠지만, 면역치료를 통해 다스릴 수 있는 만성질환의 하나가 될 것이다."

노벨상을 받은 사람이 이렇게 예측했으니, 기대를 해 봐도 좋지 않을까?

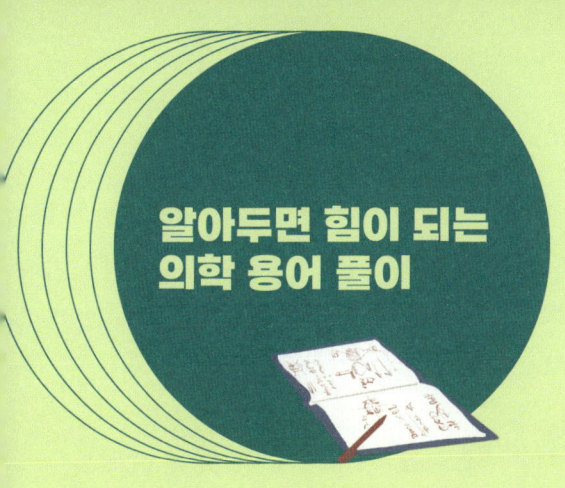

알아두면 힘이 되는 의학 용어 풀이

암	우리 몸의 정상 세포가 돌연변이를 일으켜 비정상적으로 늘어나 생기는 질병.
세포분열	하나의 세포가 두 개의 딸세포로 분열하는 과정으로 생명 유지와 성장에 필수적인 과정임.
돌연변이	유전자나 염색체 등 유전 정보에 변화가 생기는 현상. 생물의 생존과 진화에 중요한 역할을 하기도 하지만, 암 같은 질병의 원인이 되기도 함.
내성	특정 약물에 대한 치료 반응이 줄거나 없어지는 현상.
세포독성 항암제	암세포의 분열을 억제하거나 DNA 손상을 유발해 암세포를 파괴하거나 성장을 억제하는 약물.
표적항암제	암세포의 단백질이나 유전자 등을 표적으로 선택해 숙주세포의 손상은 최소화하고 암세포만 선택적으로 공격하는 약물.
면역항암제	환자의 면역 체계를 강화해 암세포와 싸우도록 도와 치료 효과를 나타내는 약물.
흑색종	피부암의 일종으로 피부 색소를 만드는 멜라닌 세포가 악성화해 발생함. 피부암 중 가장 악성도가 높고 전이 가능성이 큼.

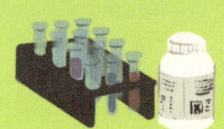

바이러스와의 싸움이 끝나려면 아직 한참 먼 것 같아. 현재 항바이러스제로 승인된 약물은 90개 정도가 있지만, 쓸 수 있는 바이러스 종류는 헤르페스바이러스, 에이즈 바이러스, 인플루엔자 바이러스, 간염 바이러스 등 9개 종밖에 안 되는 실정이야.

9

바이러스와의 전쟁, 항바이러스제

2019년 12월 중국에서 처음 발견되어 빠른 속도로 전 세계로 퍼진 코로나19 바이러스 감염증은 모든 일상을 바꿀 정도로 사람들을 대혼란에 빠뜨렸어. 세계보건기구는 2020년 3월, 전 세계적인 유행을 뜻하는 **팬데믹**을 선언할 정도였지.

코로나19 이전에는 제1차 세계대전의 전사자보다 많은 사망자를 낳았던 1918년의 스페인 독감 인플루엔자 바이러스과 전 세계를 발칵 뒤집어놓을 만큼 큰 충격을 안겼던 1981년의 에이즈 바이러스가 있었어. 그 외에도 사스 바이러스 2002년, 신종인플루엔자 바이러스 2009년, 메르스 바이러스 2012년도 우리를 괴롭혔지. **바이러스**는 왜 이리도 인간에게 끊임없이 고통을 주고 있는 걸까?

바이러스란 무엇일까?

바이러스 감염증을 효과적으로 치료하기 어려운 이유를 알

스페인 독감 당시 병원 모습

려면 바이러스의 특성과 구조에 대해 알아야 해. 바이러스는 세균과는 전혀 다른 존재야. 바이러스는 세균처럼 스스로 복제하지도 못하고 아무 곳에서나 살 수도 없어. 오직 다른 생명체의 세포 안에서만 살아야 하는 완벽한 기생체지. 또 바이러스는 세균과 달리 생명 활동을 위한 에너지를 스스로 만들 수도 없어. 즉 생물과 무생물의 중간 정도에 있는 존재라고 할 수 있지.

바이러스는 구조가 매우 간단해. 단백질로 이루어진 껍질 안에 **DNA**나 **RNA** 같은 유전물질이 들어 있는 구조야. 세균은 사람 세포와 달리 **세포벽**을 가진 특징이 있어서 이를 표적으로 삼아 항균제를 만들 수 있지만, 바이러스는 이런 표적이 아예 없어. 게다가 종류가 워낙 많아서 치료제를 만들기가 쉽지 않지.

또 바이러스는 돌연변이가 잘 일어나서 조금씩 형태가 다른 **변종**이 생기는 속도가 매우 빨라. 기껏 치료제를 만들어도 얼마 지나지 않아 새로운 변종이 생겨나곤 하지. 코로나19 바이러스만 해도 수많은 변종이 있었잖아?

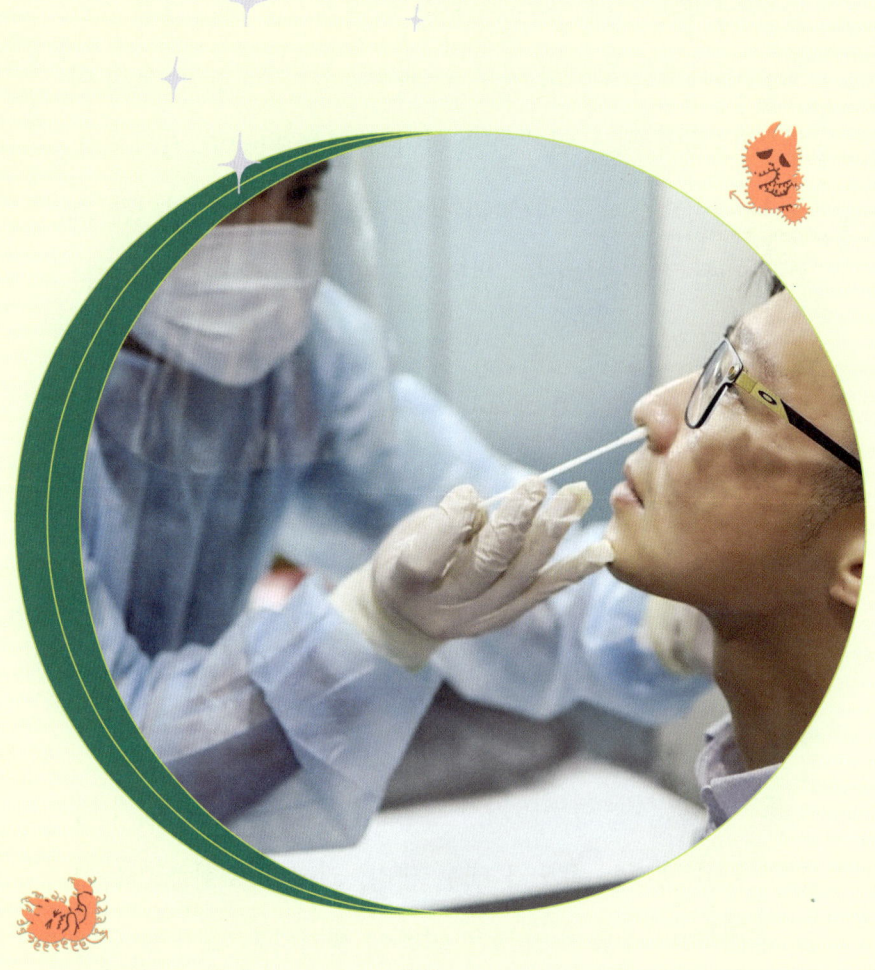

코로나19 바이러스 PCR 검사

항바이러스제의 원리

세균을 죽이는 항균제는 1909년에 처음으로 등장했고 페니실린이 사용되기 시작한 1940년대 이후 많은 항생제가 쏟아져 나왔어. 하지만 최초의 항바이러스제는 1961년에야 나타났을 정도로 항바이러스제의 발전은 훨씬 더뎠지.

현재 사용하는 항바이러스제는 바이러스 자체를 죽이는 것이 아니라 바이러스의 복제를 억제하는 약이 대부분이야. 바이러스가 숙주세포에 침투해 증식하는 과정을 차단하는 원리지.

항바이러스제의 효과는 다음과 같이 비유할 수도 있어. 우리 집에 몰래 들어온 어떤 못된 손님이 냉장고 안의 음식을 꺼내 먹고 침대와 가구를 자기 것처럼 마음대로 사용하면서 살다가 자식까지 낳아서 식구가 늘었다고 생각해 봐. 새로 태어난 아이들은 옷장 안에 있던 옷을 입고 밖으로 나가서 다른 집으로 숨어들게 되는 거야. 이때 항바이러스제는 집 안에 있는 못된 손님을 죽이지는 못하지만, 아이들이 밖으로 나가거나 다른 집으로 들어가는 걸 막는 약이라고 할 수 있어.

항바이러스제의 한계

많은 사람이 감기와 독감을 혼동하지만, 둘은 완전히 달라. 감기는 인플루엔자 바이러스가 아니라 '리노바이러스'를 비롯해 무려 200여 종에 달하는 바이러스에 의해 발생해. 하지만 아직 감기 바이러스를 없애는 약은 없지. 반면 독감 치료제는 1996년에 우리나라 출신 화학자인 김정은 박사가 포함된 연구팀에서 개발한 '오셀타미비르'가 사용되고 있어.

그렇다면 코로나19 바이러스와의 싸움에 동원된 항바이러스제는 어떤 약이 있을까? 코로나19 유행 초기만 해도 적절한 약이 없어서 다른 바이러스 질환에 사용하던 약물을 사용해야만 했어. 하지만 많은 과학자의 헌신적인 노력으로 2021년 12월 세계 최초로 먹는 치료제인 '팍스로비드'가 개발되었지.

팍스로비드는 '리토나비르'와 '니르마트렐비르' 두 가지 성분으로 이루어진 약이야. 그리고 '렘데시비르'라는 항바이러스제도 코로나19 치료에 사용되고 있어. 하지만 여전히 효과적인 코로나19 치료제는 부족한 실정이야.

바이러스와의 싸움이 끝나려면 아직 한참 먼 것 같아. 현재 항바이러스제로 승인된 약물은 90개 정도가 있지만, 쓸 수 있는 바이러스 종류는 헤르페스 바이러스, 에이즈 바이러스, 인플루엔자 바이러스, 간염 바이러스 등 9개 종밖에 안 되는 실정이야. 게다가 항바이러스제는 편식이 심한 어린이처럼 특정 바이러스에만 듣는 경향이 있어. 항균제처럼 작용 범위가 넓은 항바이러스제는 아직 없지.

우리는 과연 바이러스와의 전쟁에서 이길 수 있을까? 하지만 희망을 버리지는 말아야겠지. 우리는 늘 그렇듯 길을 찾을 테니까 말이야.

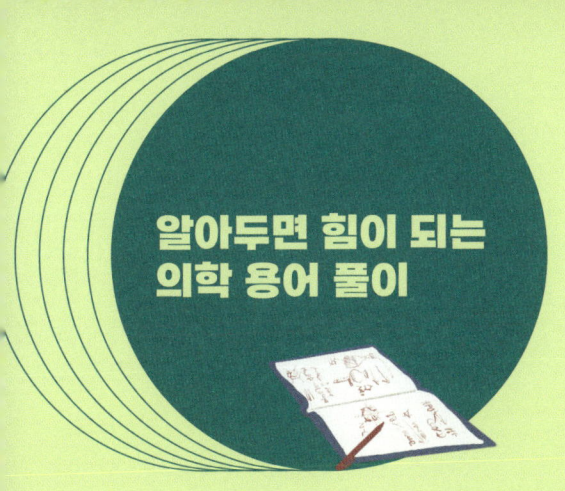

알아두면 힘이 되는 의학 용어 풀이

바이러스   세균보다 작은 감염성 병원체로 생물체 안에서만 생명 활동을 함. 살아 있는 유기체와 무생물의 중간적 존재.

팬데믹   세계적 대유행이라고도 하며 전염병이 전 세계적으로 퍼지는 것을 말함.

DNA   유전 정보를 저장하고 전달하는 분자. 세포핵 속의 염색체 안에 2개의 꼬인 나선 형태로 존재함.

RNA   DNA와 함께 유전 정보를 전달하는 분자. 세포에서 DNA의 정보를 이용해 단백질을 합성하는 데 관여함.

세포벽   세포를 보호하고 모양을 유지하는 역할을 하는 세포막 외부의 딱딱한 구조물. 동물 세포에는 없으며, 식물 세포나 세균 등에 존재함.

변종   같은 종 안에서 돌연변이 등에 의해 나타나는 유전 정보의 변화.

맺음말

의사의 무기, 약

지금까지 우리는 인류 역사에서 중요한 역할을 한 약 9가지를 골라 그 영웅적인 활약을 살펴봤어. 물론 여기서 살펴본 9가지 약 외에도 많은 약이 우리를 고통에서 벗어나게 하는 데 크게 공헌해 왔지.

의사들은 질병을 진단하고 치료하고 예방하는 데 약을 항상 사용하고 있어. 병원에서 일하는 모든 의사에게 약은 없어서는 안 될 무기인 셈이지. 만약 약에 대해 잘 알지 못한다면 효과적인 환자 진료를 하기는 어려울 거야.

따라서 의과대학에서는, 약을 우리 몸에 투여했을 때 그 약으로 인해 일어나는 현상의 변동을 연구하고, 한 걸음 더 나아가 질병의 예방, 진단, 치료 그리고 재활을 위해 합리적

으로 약을 사용하는 방법을 배워야 한단다. 이런 것을 가르치는 학문 분야를 '약리학'이라고 불러. 즉 의과대학에서는 우리 몸에서 일어나는 약의 작용과 그 응용에 관해 중점적으로 공부한다고 보면 돼.

그런데 이런 질문도 할 수 있을 것 같아.

"약은 약사들만 다루는 줄 알았어요. 약학대학에서 배우는 것과는 어떻게 다른가요?"

맞아. 약사는 약에 관한 전문가지. 약학대학에서는 약을 어떻게 만드는지, 어떻게 관리하는지, 어떻게 투여하는지 그리고 어떻게 신약을 개발하는지 등에 관해 중점적으로 배우고 연구해. 이런 학문 분야를 '약학'이라고 부르지. 즉 약학대학에서는 약, 그 자체에 관해 중점적으로 공부하는 거야.

　예로부터 수많은 과학자가 열심히 노력한 덕분에 많은 약이 개발되었고, 우리가 질병으로 겪는 고통을 줄이는 데 성공적으로 사용됐지만, 질병과의 싸움은 아직 갈 길이 멀어. 아직 적절한 치료약이 없는 질병도 아주 많거든.

　나이가 들어감에 따라 늘어나는 노인성 질환 치매나 알츠하이머병 등이나 아토피, 류마티스 관절염, 크론병 같은 자가면역 질환은 지금 우리가 가진 약으로는 치료가 어려워. 하지만 새로운 치료법이 속속 등장하고 있으니 희망을 버려서는 안 될 거야.

　앞으로도 약은 항상 우리 곁에서 우리의 건강을 지켜 주는 동반자가 될 거야. 이번 기회에 약에 대한 이해가 조금 더 깊어지는 계기가 되었기를 바랄게.

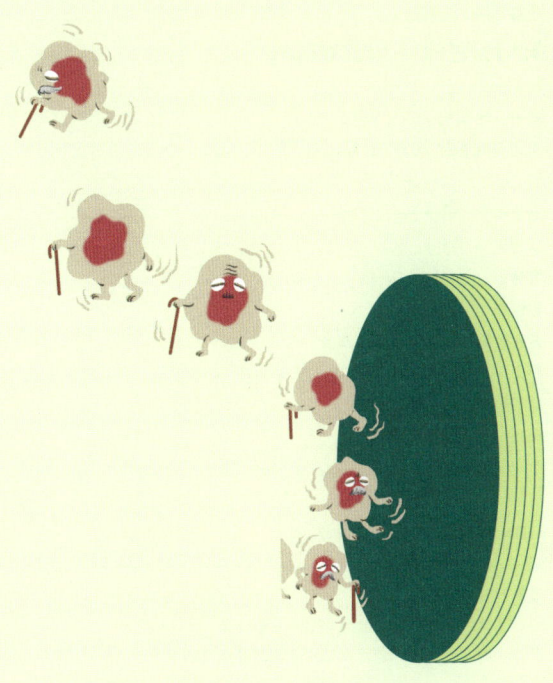

리틀 히포크라테스 02
페니실린에서 항암제까지

초판 1쇄 발행 2024. 3. 10.
초판 5쇄 발행 2025. 8. 25.

글쓴이	박승준
그린이	카나
발행인	이상용 이성훈
발행처	봄마중
출판등록	제2022-000024호
주소	경기도 파주시 회동길 363-15
대표전화	031-955-6031
팩스	031-955-6036
전자우편	bom-majung@naver.com

ISBN 979-11-92595-39-9 73510

값은 뒤표지에 있습니다.
잘못된 책은 구입한 서점에서 바꾸어 드립니다.
본 도서에 대한 문의사항은 이메일을 통해 주십시오.

봄마중은 청아출판사의 청소년·아동 브랜드입니다.